本书得到国家自然科学基金面上项目"基于非线性视角的农产品质量安全技术的扩散规制研究"（71573161）、山东省高等学校青年创新团队发展计划（2019RWE013）和山东省社科规划研究项目"基于政策性金融视角的山东省技术扩散的政府规制研究"（20CJJJ32）的资助。

财政分权、政府规制与技术扩散
——基于环保技术扩散的实证研究

宋英杰 刘俊现 ◎著

图书在版编目（CIP）数据

财政分权、政府规制与技术扩散——基于环保技术扩散的实证研究/宋英杰，刘俊现著. —北京：经济管理出版社，2020.3
ISBN 978－7－5096－7069－9

Ⅰ.①财… Ⅱ.①宋… ②刘… Ⅲ.①财政分散制—关系—环境保护—技术推广—研究—中国 Ⅳ.①F812.2②X321.2

中国版本图书馆 CIP 数据核字（2020）第 044577 号

组稿编辑：高　娅
责任编辑：高　娅
责任印制：黄章平
责任校对：董杉珊

出版发行：经济管理出版社
　　　　　（北京市海淀区北蜂窝 8 号中雅大厦 A 座 11 层　100038）
网　　址：www.E－mp.com.cn
电　　话：（010）51915602
印　　刷：北京玺诚印务有限公司
经　　销：新华书店
开　　本：720mm×1000mm/16
印　　张：7.75
字　　数：120 千字
版　　次：2020 年 4 月第 1 版　2020 年 4 月第 1 次印刷
书　　号：ISBN 978－7－5096－7069－9
定　　价：68.00 元

·版权所有　翻印必究·
凡购本社图书，如有印装错误，由本社读者服务部负责调换。
联系地址：北京阜外月坛北小街 2 号
电话：（010）68022974　邮编：100836

前　言

改革开放 40 多年来，中国的经济实力迅速提升，已成为世界第二大经济体。然而，在创造了丰富物质财富的同时，也付出了巨大的环境代价。2019 年 10 月，党的十九届四中全会通过的《中共中央关于坚持和完善中国特色社会主义制度推进国家治理体系和治理能力现代化若干重大问题的决定》明确提出，坚持和完善生态文明制度体系，健全生态保护和修复制度，严明生态环境保护责任制度。政府的工作目标已由单纯追求 GDP 向提升环境质量与保持经济增长的双重目标转变。在加强环境监管的同时，通过环保技术的推广扩散，实现节能减排，成为兼顾经济增长与环境保护目标的有效途径，但是，具有正外部性的环保技术更多依赖于政府的供给和推广扩散，政府在环保技术扩散方面的有效规制就变得不可或缺。自分税制改革之后，我国形成了具有中国特色的财政分权管理体制，具体到环境治理领域，则形成了环境分权管理体制。作为财政分权管理体制的分支，环境分权管理体制具有"条块"双重委托代理的特征。那么这种"条块"双重委托代理的环境政府规制模式对于环保技术的扩散产生何种影响？未来的环境管理体制应如何调整？

围绕以上问题，本书从财政分权与政府环境规制的角度，从环境纵向分权和横向分权的层面对环保技术扩散的影响机制进行分析，并选取了 2004~2016 年的省级面板数据，运用半参数可加面板模型的方法，对环境分权与清洁生产技术扩散和末端治理技术扩散之间的非线性影响进行了深入研究，为环境分权管理体制的改革以及推动环保技术扩散的政策制定提供参考依据。遵循以上研究思路，经过实证分析本书得出以下主要结论：第一，环境纵向分权对清洁生产技术扩散和末端治理技术扩散的影响均呈现倒"U"形结构，适度的环境纵向分权可以促进环保技术的扩散。第二，环境横向分权对清洁生产技术扩散和末端治理技术扩散的影响均呈现"U"形结构。在横向分权超过"U"形拐点时，地方政府对环境保护越重视，地方企业受到的环境监管力度越大，越有利于环保技术的扩散。第三，不同类型的技术对环境分权的敏感程度不同。第四，税收负担等控制变量在存在环境分权条件下，也对环保技术的扩散产生不同影响。结合实证研究结论，并在借鉴分析环境分权与技术扩散规制的国际经验基础上，针对性地提出合理划分中央与地方之间环境事权；地方政府应强化环境横向分权的工作；构建环保部门财政支出绩效评价体系；完善技术扩散的激励政策，建立环保技术转化、扩散体系；完善对技术创新人才的激励体系。

目 录

1 绪 论 …………………………………………………… 1

  1.1 研究背景与意义 ………………………………………… 3

    1.1.1 研究背景 ………………………………………… 3

    1.1.2 研究意义 ………………………………………… 5

  1.2 研究方法与思路 ………………………………………… 6

    1.2.1 研究方法 ………………………………………… 6

    1.2.2 研究思路 ………………………………………… 6

    1.2.3 研究框架 ………………………………………… 8

  1.3 研究创新与不足 ………………………………………… 9

    1.3.1 研究创新 ………………………………………… 9

    1.3.2 研究不足 ………………………………………… 10

2 国内外研究综述 ……………………………………… 13

  2.1 相关概念界定 …………………………………………… 15

    2.1.1 财政分权、环境分权与环境规制 …………………… 15

    2.1.2 环保技术 ………………………………………… 17

2.1.3　环保技术扩散 …………………………………… 18
　2.2　环境分权理论相关研究 ……………………………………… 19
　　2.2.1　第一代环境联邦主义理论 ……………………… 19
　　2.2.2　第二代环境联邦主义理论 ……………………… 20
　　2.2.3　中国式环境分权 ………………………………… 22
　　2.2.4　环境分权的测度 ………………………………… 23
　2.3　环保技术扩散相关研究 ……………………………………… 24
　　2.3.1　清洁生产技术扩散 ……………………………… 24
　　2.3.2　末端治理技术扩散 ……………………………… 26
　　2.3.3　环保技术扩散的测度 …………………………… 27
　2.4　环境分权对环保技术扩散的影响 …………………………… 27
　2.5　小结 …………………………………………………………… 29

3　环境分权对环保技术扩散影响的理论分析 …………………… 31
　3.1　环境分权管理体制 …………………………………………… 33
　　3.1.1　环境分权管理体制的构成要素 ………………… 33
　　3.1.2　我国环境分权管理体制的发展历程 …………… 34
　　3.1.3　条块并存的环境分权管理体制 ………………… 35
　3.2　环境分权对环保技术扩散的影响机制 ……………………… 36
　　3.2.1　环境纵向分权对环保技术扩散的影响 ………… 37
　　3.2.2　环境横向分权对环保技术扩散的影响 ………… 39

4　半参数可加面板模型方法扩展 …………………………………… 43
　4.1　半参数可加面板模型的基本形式 …………………………… 45

4.2 半参数可加面板模型的估计方法 …………………………… 46

5 环境分权对环保技术扩散影响的实证分析 …………………… 53

5.1 指标选取 ………………………………………………………… 55
5.1.1 被解释变量 ………………………………………………… 55
5.1.2 核心解释变量 ……………………………………………… 56
5.1.3 控制变量 …………………………………………………… 58
5.1.4 半参数可加面板模型的构建 ……………………………… 59

5.2 数据来源及变量的描述性统计 ………………………………… 60

5.3 实证分析 ………………………………………………………… 61
5.3.1 非参数部分实证结果分析 ………………………………… 62
5.3.2 参数部分实证结果分析 …………………………………… 63
5.3.3 边际效应分析 ……………………………………………… 66

5.4 稳健性检验 ……………………………………………………… 68
5.4.1 参数检验 …………………………………………………… 68
5.4.2 非线性检验 ………………………………………………… 71

6 环境规制与环保技术扩散的国际经验借鉴 …………………… 75

6.1 美国的经验 ……………………………………………………… 77
6.1.1 美国的环境规制举措 ……………………………………… 77
6.1.2 美国环境规制的分权实践 ………………………………… 79
6.1.3 美国的环保技术扩散 ……………………………………… 80

6.2 日本的经验 ……………………………………………………… 81
6.2.1 完善的环境法律体系 ……………………………………… 82

6.2.2 多中心治理政策框架 …………………………………… 82
6.2.3 环境税改革 …………………………………………… 83
6.2.4 环保技术扩散发展 …………………………………… 83
6.3 欧盟的经验 ………………………………………………… 84
6.3.1 实施兼顾地区差异性的财税政策 …………………… 85
6.3.2 完善的环境规制体系 ………………………………… 85
6.3.3 发挥技术力量在环境保护中的作用 ………………… 86
6.4 印度的经验 ………………………………………………… 87
6.4.1 完善的环境规制体系 ………………………………… 88
6.4.2 以技术咨询业促进技术扩散 ………………………… 88
6.4.3 重视人才培养和内部挖潜 …………………………… 89
6.4.4 促进重点领域的集中突破 …………………………… 90
6.5 启示 ………………………………………………………… 91
6.5.1 构建环保财政支出绩效评价体系 …………………… 91
6.5.2 明确规制主体，完善环境分权 ……………………… 92
6.5.3 重视对技术研发和创新人才的激励 ………………… 92
6.5.4 加快技术转化，完善环保技术扩散体系 …………… 93

7 结论与政策建议 …………………………………………… 95

7.1 主要结论 …………………………………………………… 97
7.2 政策建议 …………………………………………………… 99

参考文献 ………………………………………………………… 103

后 记 …………………………………………………………… 113

1 绪 论

1.1 研究背景与意义

1.1.1 研究背景

改革开放 40 多年来,中国经济发展迅速,经济总量达到了 13.11 万亿美元,已成为世界第二大经济体,经济地位仅次于美国。然而,中国经济崛起的过程,是以高耗能、高污染、高排放为特征的第二产业主导的增长过程。虽然经济的高速发展带来了大量的物质财富,但其所产生的负面影响也是难以忽视的,日益严峻的环境污染问题已成为我国当前面临的主要问题之一。尤其是 2013 年后,我国中东部地区雾霾天气频繁出现,且雾霾天气长期持续在每月 5 天以上,对人们工作和生活造成了极大的困扰。与此同时,这种以环境污染为代价的传统发展模式也难以继续保持经济的高速增长,中国经济面临着严峻的考验。尤其是近年来,一些发达国家提高了环保标准,绿色贸易壁垒已成为阻碍国家间贸易往来的新型"非关税壁垒"。

随着经济步入中高速增长的新常态,特别是习近平总书记多次针对环境保护提出"两座山论",政府工作目标已由单纯追求 GDP 向稳定经济增长与改善环境质量的双重目标转变。上述政府工作目标的提出,也对环境治理模式有了更高的要求。2019 年 10 月,党的十九届四中全会通过的《中共中央关于坚持和完善中国特色社会主义制度推进国家治理体系和治理能力现代化若干重大问题的决定》

明确提出，坚持和完善生态文明制度体系，健全生态保护和修复制度，严明生态环境保护责任制度。在严格环境监管的同时，通过环保技术的推广扩散，实现节能减排，成为兼顾经济增长与环境保护目标的有效途径。但是，作为污染排放主体的企业往往无法在追求利润的同时自觉肩负环境保护的社会责任（孙丽文等，2017），也缺乏利益驱动去主动获取和采用先进的环保技术。具有正外部性的环保技术更多依赖于政府的供给和推广扩散，政府在环保技术扩散方面的有效规制就变得不可或缺。

自分税制改革之后，我国形成了具有中国特色的财政分权管理体制，具体到环境治理领域，则形成了环境分权管理体制。作为财政分权管理体制在环境领域的分支，环境分权管理体制具有"条块"双重委托代理的特征（李瑞昌，2012）。一方面，地方环保部门受到中央部委等上级环保部门的直接纵向"条领导"，在上下级环保部门之间存在着权利责任的划分；另一方面，地方环保部门隶属于地方政府，由地方政府进行更为细化的管理，形成了横向间"块领导"的环境规制体系。尽管在2016年9月22日国务院办公厅印发了《关于省以下环保机构监测监察执法垂直管理制度改革试点工作的指导意见》，各地省级环保垂直管理体系也在相继建立之中，但本质上仍没有改变中央和省级地方政府间"条块并存"的环境分权管理体制。那么这种"条块"双重委托代理的环境分权模式对于环保技术的扩散会产生何种影响？未来的环境管理体制是一垂到底还是维持当前条块并存的管理现状？这些仍需要进一步的实证检验。基于此，本书从财政分权与政府环境规制的角度，从环境纵向分权和横向分权的层面对环保技术扩散的影响机制进行分析，选取

2004~2016年30个省市的地区面板数据,利用半参数可加面板模型探究政府规制对环保技术扩散的影响,进而为环境保护管理实践提供一定的参考依据。

1.1.2 研究意义

第一,理论意义。目前,关于环境分权与环境污染的文献较多,而对于环保技术扩散的研究则较少,尤其是从环境分权的角度去研究环保技术扩散。环保技术的扩散对环境保护以及环境污染的治理都有着不容忽视的作用,而环保技术的扩散大多需要依靠政府的推动。环境分权作为政府财政分权管理体制在环境领域的一个分支,对环保技术扩散的影响至关重要。所以,本书无论是对环保技术扩散的研究还是对财政分权管理体制的研究都是较好的补充,有利于深化环境分权和环保技术扩散的理论体系,为系统研究地方政府对环保技术扩散的影响提供一定的参考。

第二,实践意义。虽然我国的经济发展取得了巨大成就,但如何解决环境污染和生态恶化的问题迫在眉睫。企业生产和人类活动所产生的大量污染物严重制约了社会经济的可持续发展。在此背景下,如何激励企业引进环保技术,推动环保技术的扩散也越来越受到关注。企业出于自身经济效益的考虑,缺乏引进环保技术的动力,因此来自政府部门的规制对环保技术的扩散就显得尤为重要。当前我国政府在环境领域主要实行的是环境分权管理体制。面对实现经济与环境协调发展的这一战略目标,研究环境分权管理体制与环保技术扩散的内在影响机制便有着非常重要的现实意义。

1.2　研究方法与思路

1.2.1　研究方法

根据研究主题和研究目标的特殊性，本书拟采用如下研究方法：①文献归纳法。本书在以往文献的基础上，对与文章主题相关的概念进行了界定，并总结了国内外关于环境分权管理体制、环保技术扩散以及环境分权对环保技术扩散影响的最新研究动态，为本书研究奠定理论基础。②实证分析法。利用 R 软件，采用半参数可加面板模型和参数面板模型等计量经济学方法，基于全国省级面板数据进行实证分析。此外，本书还进行参数检验和非线性检验，进一步提高了结论的可靠性。③规范分析法。通过规范分析的方法在实证研究结果的基础上总结本书的主要结论并有针对性地提出相应的政策建议。

1.2.2　研究思路

在我国经济迅猛发展的同时，环境污染和生态恶化问题也变得日益严峻。大力推广环保技术的应用，发展绿色经济是解决当前所面临问题的必然选择。目前，我国的环保技术水平并不高。企业关注的是经济效益，但环保技术所带来的更多的是社会效益和环境效益，企业引进采纳环保技术的动力并不足，因此政府对环保技术的推广就显得尤为重要。本书以中国 30 个省（自治区、直辖市）的环保技术扩散状况为研究对象，以财政分权管理理论、环境经济学理论以及计量经济学理论为基础，首先构建了 2004~2016 年各省份的清洁生产技术和末端治理技术等环保技术的扩散指数；其次采用半参数可加面板模型的计量分析方法研究了环境分权对省际环保技术扩散水平的影响。遵循以上研究思路，根据主要内容和研究目标，本书共分为 7 章：

第 1 章：绪论。首先，对研究背景和研究意义进行了简要介绍，由此而引出所要研究的主题；其次，简要阐释本书的主要研究方法与研究思路；最后，总结本书的创新与不足之处。

第 2 章：国内外研究综述。首先，对相关的概念进行界定；其次，对环境分权管理理论及环境分权测度的相关文献进行回顾，梳理出最新的研究进展；再次，对清洁生产技术和末端治理技术等环保技术扩散指数的测度及其影响因素的相关文献进行归纳，对现有的研究成果进行评述；最后，关于环境分权对环保技术扩散的影响研究进行总结，并提出国内外现有研究的不足之处以及本书的贡献所在。

第 3 章：环境分权对环保技术扩散影响的理论分析。首先，对环境分权管理体制的构成要素以及我国环境分权管理体制的形成过程进行了介绍；其次，对当前"条块并存"的环境分权管理体制进行了简要说明；最后，从环境纵向分权和环境横向分权两个角度对环境分权和环保技术扩散之间的影响机理进行分析，并提出理论假说，为实证研究奠定理论基础。

第 4 章：半参数可加面板模型方法扩展。为了准确考察环境分权与环保技术扩散之间的非线性关系，本书拟采用半参数可加面板模型。本章在半参数可加模型的基础上将截面模型扩展为面板模型，并对半参数可加面板模型的基本形式进行了说明，同时对该模型的估计方法进行了详细介绍。

第5章：环境分权对环保技术扩散影响的实证分析。本章首先构建了关于环境分权对环保技术扩散影响的半参数可加面板模型，并在此基础上，对环境分权和环保技术扩散之间的影响机制进行了实证检验。同时，针对不同阶段的环境分权对环保技术扩散的影响进行了边际效应分析，以便于更深入地考察环境分权对环保技术扩散的影响。此外，为确保实证结果的稳健性，本章还进行了参数检验和非线性检验。

第6章：环境规制与环保技术扩散的国际经验借鉴。通过选取世界不同发展阶段的几个在环境规制和技术扩散方面较为典型的国家和地区，包括美国、日本、欧盟和印度，对比各国家和地区政府环保政策、分权实践及技术研发政策等方面，为我国财政分权、政府规制与技术扩散等政策的制定提供有益的参考。

第7章：结论与政策建议。概括了本书的主要结论，以此为基础提出相应的政策建议，为政策制定者提供决策依据。

1.2.3 研究框架

为了更为清晰直观地展示本书的研究思路，本书的研究框架如图1.1所示。

1 绪 论

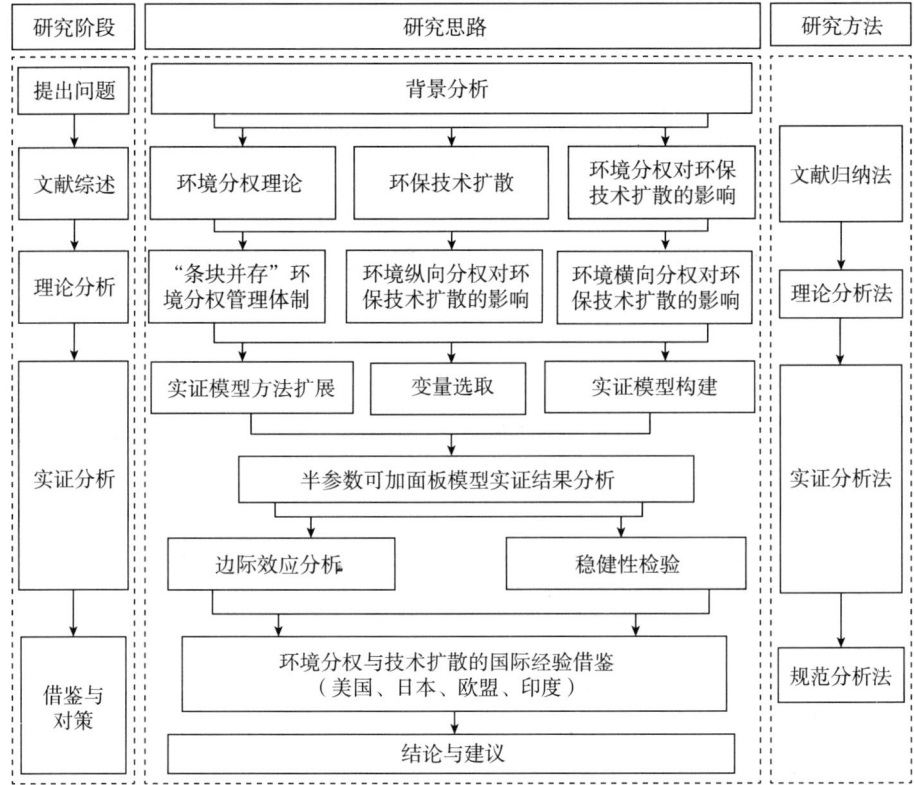

图1.1 本书的研究框架

1.3 研究创新与不足

1.3.1 研究创新

本书主要探讨了通过环境分权体现的政府环境规制对环保技术扩散的影响，创新之处主要体现在以下几个方面：

第一，研究视角的创新。现有文献大多是从社会和企业层面来研究环保技术扩散的影响因素，很少从政府层面来进行研究。尽管有少许学者关注了政府层面对环保技术扩散的影响，也大多是从财政分权的角度，没有从环境分权的角度对其进行分析，更没有将环境分权进行进一步划分。虽然环境分权是财政分权在环境领域的一个分支，但两者之间存在着一定的区别。因此，本书从环境纵向分权和横向分权的角度切入，将环保技术扩散置于环境分权的背景下予以研究，从制度上为提高区域环保技术水平提供指导，进而实现经济与环境的协调发展。

第二，研究方法的创新。现有研究主要采用参数模型来研究环保技术扩散的影响因素，但参数模型存在着模型设定偏误的潜在隐患。本书采用半参数可加面板模型来研究环境分权对环保技术扩散的影响，该模型不仅可以在一定程度上避免参数模型预先设定偏误的隐患，还可以解决非参数可加模型"维度诅咒"的难题。此外，不同于以往文献，我们还进行了边际效应分析，以便对环境分权和环保技术扩散之间的影响机制进行更加深入的研究。同时，我们还利用参数检验和非线性检验对实证结果进行了稳健性分析，提高了结论的可靠性。

1.3.2 研究不足

本书存在以下几点不足：第一，由于环境分权与环保技术扩散涉及管理体制、技术和环境领域多方面问题，所以在探讨其影响机理时难免遗漏一些重要的影响因素。这些因素有的难以衡量，有的数据难以获取，以致对于控制变量的选取不能面面俱到。第二，鉴

1 绪 论

于数据的可获得性，本书没有采取城市级面板数据，对环保技术扩散影响因素的研究尚需细致。第三，本书选取五种污染物来构建环保技术扩散的综合指数，在一定程度上反映了区域间的环保技术扩散情况，但缺少对单个污染物方面的环保技术扩散情况的研究。此外，由于各个区域主要的环境污染物不同，以此来构建的环保技术扩散指数难以体现区域性差异。

2

国内外研究综述

环境规制是全球性热点问题,而环境的有效规制离不开环保技术的扩散。环保技术的扩散能够有效地减少污染物的排放,但由于环保技术的扩散更多地体现为社会效益和环境效益,作为追求经济效益的市场主体往往缺乏引进环保技术的动力,因此,政府在环保技术扩散过程中的参与和推动就必不可少。自1994年分税制改革后,我国大力推行了分权式的管理体制,具体到环境领域则表现为环境分权管理体制,为了进一步探究通过环境分权体现的政府环境规制措施对环保技术扩散的影响,本章首先对环境分权管理体制、环保技术以及环保技术扩散的概念进行了界定,然后从环境分权理论、环保技术扩散以及环境分权对环保技术扩散的影响进行三个方面的梳理,并总结现有国内外研究成果,为进一步后续理论和实证分权奠定基础。

2.1 相关概念界定

2.1.1 财政分权、环境分权与环境规制

财政分权是中央政府和地方政府间的一种财政分工模式,是当今世界主要的财政管理机制,与国家政治体制紧密联系。20世纪90年代,财政分权、地方政府激励和经济增长被紧密联系在一起,经济分权与政治分权是中国式财政分权的主要框架,其显著特征是赋予地方政府更多经济发展激励(傅勇,2007)。在财政分权体制下,地方政府间的"晋升锦标赛"推动了我国经济持续高速发展(周黎

安，2007）。

环境规制是指政府通过法律法规、行政命令等对环境主体的环境责任进行约束的一种方式，是政府解决环境领域"市场失灵"的一种手段（童健等，2016）。Jaffe和Palmer（1997）首先将波特假说区分为"强波特假说"和"弱波特假说"。适当的环境规制在一定条件下会推动企业技术创新，这就是"弱波特假说"；适当的环境规制可以提高企业竞争能力，这就是"强波特假说"。但无论是"强波特假说"还是"弱波特假说"，都忽略了与波特假说密切相关的制度因素。中国相对集中的政治制度和相对宽松的经济发展形势是中国经济保持高速发展的重要原因，也正是由于这种集权与分权的划分规则，使地方政府滋生牺牲环境发展经济的意图。

环境分权主要指在环境管理领域逐步赋予地方政府一定的权限，允许地方政府根据辖区生态环境的实际污染状况，选择环境保护政策类型（白俊红等，2017）。环境分权制度鼓励地方政府积极参与，承担地方环境污染治理工作，而财政分权主要体现在中央与地方政府在事权、财权方面的划分。现有文献在研究环境规制与环境分权时，通常以财政分权替代环境分权进行实证分析，分析环境分权对加剧生态环境污染的影响等问题。环境分权是一个动态变迁过程，财政分权难以直接、准确反映环境分权所体现的事权划分逻辑（祁毓等，2014），二者之间有一定的联系，但也存在本质差别。

基于上述分析，本书的主要研究内容与财政分权相关的政府环境规制行为及其对技术扩散的影响，具体体现为环境分权对环保技术扩散的影响。虽然环境分权属于财政分权管理体制的一个特殊层面，但与一般意义上的财政分权存在一定的差别，环境分权除了设计环境管理体制的不同层级政府间的资源配置,其还是一个渐进的过程,还涉及不同社会团体间的博弈。

2.1.2 环保技术

对环保技术的关注最早可追溯到20世纪五六十年代,在大型环境污染事件多次发生后,各国政府开始制定环境保护相关的法律法规,并开始关注环保技术的研发,试图通过规制和技术研发等方法来解决污染问题。

Brawn和Weid(1994)首次对环保技术的概念进行了界定,环保技术是指在生产过程符合一般的生产规律,能够做到减轻甚至消除污染的生产工艺与技术的总称。随着学者对此类技术的不断深入研究,环保技术也逐渐被赋予其他意义,如"清洁技术""绿色技术"等。杨发明等(1998)将环保技术界定为所有能够提高资源利用效率以及降低污染排放的技术总称。他认为,环保技术不仅包括末端治理技术、清洁生产技术以及相关的生态监测类仪器,还包括管理运营方法,如废旧品废料的回收循环再利用。严健洋(2016)认为,环保技术主要是指与降低人类活动或企业行为对环境所产生的负面影响的技术,主要包括对污染物进行处理的末端治理技术、减少污染产生的清洁生产技术以及在设计阶段就考虑到环境污染问题的产品导向型环保技术。张一清(2018)针对煤炭清洁技术,提出煤炭清洁化是通过加快高效煤粉、水煤浆等洁净煤技术应用,推广洗选煤和配煤技术,实现工业燃煤小锅炉的燃料升级。

在环保技术发展的初期,人们重视的是产生于生产最终阶段的废弃物处理,因此可以将此时的环保技术视为末端治理技术。然而引进这些技术通常需要投入大量的成本，局限性比较大。随着环境污染和资源消耗等问题的日益扩大，环保技术的发展逐渐进入清洁生产技术阶段。更加注重在生产过程中对污染进行源头控制，减少污染物的产生。环保技术的内涵得到进一步的扩展，不仅包括了应用于生产最终阶段的末端治理技术，还涵盖了应用于生产过程中减少污染产生的清洁生产技术。

综上所述，环保技术是指为促进人与自然和谐相处、经济与环境协调发展，推动经济效益、环境效益和社会效益三者持续增长的一切方法、工艺和技术的总称。根据本书研究内容，环保技术可以定义为旨在降低人类活动或企业行为对环境所产生的负面影响的一切与环境保护相关的技术。

2.1.3 环保技术扩散

熊彼特（1912）最先对技术扩散进行了研究，认为技术扩散是企业间的一种学习模仿行为。当新技术被一部分企业采用后，所产生的超额利润会诱使更多企业引进该项技术，从而使新技术得以扩散。魏江等（1995）认为，环保技术扩散是指与环境保护相关的新产品、新制度或新工艺通过某种渠道在社会团体中被应用推广的过程。刘友金（2002）按照环保技术扩散过程中知识产权转让的方式与程度将环保技术扩散分为企业内扩散模式、合作扩散模式和交易扩散模式三种类型。顾海波（2005）认为，环保技术扩散是企业为了实现环境技术的商业利益将一项新的环境技术进行推广应用的一系列活动的总称。

总之，环保技术扩散是与环境保护相关的技术、工艺或制度通过某种特定的渠道,在不同的社会团体之间被推广应用,随时间传播的过程。

2.2 环境分权理论相关研究

"环境联邦主义"来源于联邦主义。联邦主义的政府系统中,位于最顶点的是中央政府,随后各级地方政府层层铺垫,共同构成了以分权为核心的"金字塔"形政府系统,即中央政府在政治、经济和行政方面赋予地方政府一定的自主权,允许地方政府在一定程度上独立决策地方公共事务(Bednar,2011)。环境联邦主义主要起源于美国,其发展经历可分为两个阶段,即第一代环境联邦主义理论和第二代环境联邦主义理论。其主要研究内容是在环保过程中各级政府的不同职能及关系(李伯涛等,2009)。

2.2.1 第一代环境联邦主义理论

第一代环境联邦主义的理论家们普遍认为,强有力的中央政府对于环境的保护至关重要。一方面,居民的环境偏好与企业的偏好存在着巨大的冲突,普通居民处于弱势地位,其诉求通常难以得到表达。为了维护普通居民的利益,应该由中央政府进行集权管制。另一方面,出于地方利益的考虑,地方政府往往会为了追求经济增长而降低环保标准,并减少与环境保护相关的公共品的投入。因此,需要中央政府对环境保护进行直接管制或由中央政府直接提供此类公共品。

Stewart（1977）指出，在环境保护上应该实行中央集权，其原因：一方面，中央集权可以提供具有全国性规模效益的公共产品以及解决一些具有负外部性的问题。污染企业会根据税收优惠和环境标准的不同而在区域间进行流动，而地方政府出于地方利益考虑也会争相降低环境标准以引进资本发展地方经济，进而造成了地方生态环境的不断恶化，因此需要中央集权进行统一管制。另一方面，解决由于跨界污染治理问题而产生的"搭便车"现象。当涉及跨界污染治理问题时，由于跨界污染治理所产生的效益具有很强的外溢性，对地方政府而言最优选择就是"搭便车"，享受其他区域环境治理的效益。此外，可以解决环保主义者和污染利益集团在地方层面政治影响不对等的问题。在地方政治活动中，污染利益集团相比于环保主义者处于优势地位，其在地方层面上更容易施加政治影响。因此，中央政府的统一规制更有利于环境保护。

2.2.2 第二代环境联邦主义理论

20世纪80年代后，对于在环境事务上进行中央集权的质疑越来越多，主张环境分权的第二代环境联邦主义逐渐占据主导地位，人们认为中央政府对地方政府的适当放权更有利于环境保护。主要原因有以下三点：第一，由于各地区的地理位置、经济发展水平和文化存在着很大差异，导致不同地区的居民偏好也存在着很大不同。地方政府相对于中央政府更具有信息优势，可以有针对性地制定符合当地居民偏好的环保政策。第二，不同的区域对环境质量的要求不一样，如果全部由中央政府来提供则难以实现资源的有效配置，造成社会福利的损失。第三，给予地方政府适当的分权，有利于地方政府进行环境保护的政策创新。当产生了良好效果时，其他的地方政府也往往会进行学习和模仿。因此，Oates 和 Schwab（1988）认为，中央政府应该适当分权给地方政府，中央政府承担全国性污染问题的规制责任，并对地方政府进行必要的技术指导和信息分享。地方政府主要对其辖区范围内的环境事务进行规制。

对于第一代学者提倡集权的几个主要依据，第二代的学者一一进行了反驳。首先，对于地方政府拥有过多的环保责任会出现向低层竞争的问题，Oates 和 Schwab（1988）通过理论分析认为，在运用非扭曲税收作为预算融资且没有溢出效应的情况下，政府会提供最优环境质量。由于环境是固定的，而人口与资本可以自由流动，所以政府部门必须进行权衡，在环境污染与在增加收益之中选择合适的权重，设定最优排污标准。其次，对于跨界污染治理问题，Oates（2001）认为，除了集权式的解决方法外，在一定程度上，科斯定理可以应用于解决环境的外部性问题。只要产权界定清晰，且交易费用较少，那么跨界污染问题就可以通过地区间的交易合作来解决。在此情形下，环境改良所带来的综合效益足以弥补关闭重污染部门企业所带来的经济损失。最后，关于环保主义者相比于污染利益集团在全国层面上更能够施加有效的政治影响的观点，第二代分权理论学者认为，这种在地方政府层面环保主义者和污染利益集团的力量不对等问题是否存在以及环保主义者在全国层面是否更容易施加影响并没有得到相关的研究支持，尤其是在很多环保组织出现以后，这种不对称极有可能被夸大了。

基于以上阐述，第二代环境联邦主义认为，环保应是一种联合行动，中央政府及环保部对全国环境问题进行统筹规划，地方政府及环保部门负责具体执行监督其辖区内的相关环保事务,并接受中央政府提供的技术指导和监督。

2.2.3 中国式环境分权

1949~1974年,是我国环保工作高度分权阶段,环保职能被分配到各主管部位,环境管理机构大多具有非独立性、临时性等特点。祁毓等(2014)认为,中国自成立以来在环保方面一直处于分权状态,直至1955年"双重领导、以地方为主"的管理理念提出,中央才开始介入环境管理。1974年,环保工作成为国家战略,具体表现为国务院环境保护领导小组的成立。随后十年间,地方环境保护机构相继建立,为构建系统的环境管理体制打下了良好基础。随着环境污染的日益加重,环保问题成为国家发展无法避开的难题,与之相协调,中央与地方的环保机构也在不断规划升级,环保部门结构体系不断完善,其事权与管理权限也在随之增加(赵成,2012)。在中央层面,1988~2018年,我国环保部门经历了由环境保护局至环境保护总局、环境保护部以及生态环境部的变迁。在地方层面,由1993年设置省级环境保护局到2009年升级为环境保护厅,逐步形成了纵向分权与横向分权"条块并存"双重领导的环境分权管理体制。

尽管在2016年9月22日国务院办公厅印发了《关于省以下环保机构监测监察执法垂直管理制度改革试点工作的指导意见》,各地省级环保垂直管理体系也在相继建立之中,但当前的省级环境管理体制仍然是"条块并存"双重领导的分权管理模式。在纵向分权"条领导"上,中央环保部门在对地方环保部分进行监督指导的同时还与地方环保部门在环境管理监管、审批等事权上进行了划分;

在横向分权"块领导"上，由于地方环保部门的财权和人事权仍然从属于地方政府统一管理，当地方政府与环保部门的目标不相容时，就会对地方环保部门的行为进行制约，进而产生环境保护上的冲突（孙畅，2016）。特别是以经济增长为衡量指标的政绩考核制度，使许多地方政府过度追求地方经济的发展而忽视环境保护（刘洋等，2010）。同时，环保部门内部的财权和人事权都是由政府来控制的，这就使地方横向分权变得尤为重要（周雪光、练宏，2011）。由上文所述可知，中国当前的环境管理体制采取的是"条块并存，以块为主"的管理体制。

2.2.4 环境分权的测度

关于环境分权的研究，多数文献都采用财政分权指标来刻画政府间的环境分权行为（杜俊涛等，2017）。然而，与财政分权对政府间经济政治权利划分不同的是，环境分权主要涉及中央与地方政府之间有关环境管理权利的划分（祁毓等，2014）。尽管环境分权是财政分权在环境领域的一个分支，但是两者之间却存在着很大区别。简单地使用财政分权指标去刻画政府间的环境分权行为，将会导致度量偏差，进而影响研究结果（白俊红、聂亮，2017）。而且我国环境管理体制发展的历史具有路径依赖性，沿用传统的财政分权也不能客观地体现我国环境分权的变化历程，同时还有可能掩盖我国环境体制中的结构问题（李强，2017）。尽管也有部分文献使用各级政府环保人员数量的动态变化特征来测算中国的环境分权管理体制（彭星，2016），但并未针对中国环境规制领域"条块"双重委托代理管理体制从纵向和横向两个角度来进行深入分析。

2.3　环保技术扩散相关研究

对于环保技术的研究一般可以分为两类：末端治理技术和清洁生产技术。早期人们主要通过对生产过程中产生的污染物进行末端治理来减少污染。然而随着工业化程度的不断加深，末端治理难以完全根除污染的局限性也日益突出，将污染物消灭在生产之前成为真正解决污染问题的关键所在，因此清洁生产技术受到的关注越来越多。清洁生产的思想是在生产的过程中尽量减少污染物的产生，提高资源利用率，同时提高企业的生产效率（周建华，2007）。但仅通过清洁生产技术也难以做到零排放，环境污染问题的解决同样依赖于末端治理技术，二者应该有机结合才能更好地解决环境污染问题（杨朝均、杨红娟，2016）。

2.3.1　清洁生产技术扩散

欧洲经济共同体于1979年第一次提出清洁生产技术这一概念，将其定义为："改变原有的生产技术，使生产的任何公害、污染或废弃物减少甚至消除，而且能够提高原材料及其他自然资源和能源利用率的任何技术手段。"欧洲经济共同体委员会在确定清洁生产技术定义的同时，提出了三个鉴别清洁生产技术的标准：①污染环境的排放较少；②产生的废物较少甚至没有；③对自然资源、水、能源和原材料的需求较少。从目前来看，界定"何谓清洁生产技术"仍然是以这三个标准为参考依据。郭庭政等（2010）认为，这三个标准也是最好的依据。由于清洁生产技术带来的更多的是社会效益和环境效益，因此其扩散离不开政府的推动。一般政府推广清洁生产技术的政策包括管制手段、经济手段和支持手段。经济学家认为，环境管制手段在通常情况下是缺乏效率的。在政策管制的对象是企业的环境污染标准量时往往如此，但在考察管制手段对推行清洁生产技术的作用时结论有所变化。黄采金等（2004）认为，管制手段能有效地影响企业技术选择的个性化偏好，所以能更快地促进该技术的扩散应用。

为了对企业在面对不同环境政策如何做出技术选择的问题进行深入研究，李瑾（2008）把清洁生产技术分为两类：一类是在减少污染物排放的同时又能够提高生产率的技术；另一类是虽然"符合"清洁的定义，但对生产率的提高没有促进作用的技术。在资金条件允许的情况下，企业会自动自发地采用第一类清洁技术；而后一种技术则需要外部政策来进行推广应用。翟伟峰等（2015）认为，清洁生产技术对企业来说具有负的外部效应，即清洁生产技术虽然增加了社会效益和环境效益，但也减少了企业利润。为了使社会效益和企业经济效益达到一致，政府应实施相应的政策去激励企业采纳清洁生产技术。秦佩恒等（2014）通过实证分析得出结论，企业将清洁生产技术应用到企业发展中，可以使企业在长远运营中保持竞争优势，实现企业在经济与环境两方面的"双赢"。

周建华（2007）认为，清洁生产技术的创新与推广需要各方共同努力，单纯依靠某一部门或是部分公民无法达到预期要求。因此，为实现可持续发展的战略目标，政府应在行政、经济、法律等相关方面给予适当支持，以促进清洁生产技术的扩散，例如，政府可采取强制性或鼓励性政策,向企业推行清洁生产技术。此外,梁劲锐等(2018)认为,政府在引进外资的同时应制定相应的优惠政策以引进国外清洁生产技术,为清洁生产技术的引进吸收再创新奠定良好的基础。

2.3.2 末端治理技术扩散

末端治理技术是指企业在生产的最终环节,通过环保技术对生产过程中所产生的污染进行处理,使其对人体和环境的危害降至最低的处理方法。汪利平等(2015)认为,末端治理技术极大地缓解了生产活动对环境的破坏。

殷杉(2003)总结国内外末端治理的经验认为,末端治理存在着许多局限。首先,对生产过程中产生的污染物进行再处理,需要庞大的基础设施建设,运行成本高且无经济效益产生,企业负担过重。其次,由于技术限制,末端治理技术只能在一定程度上缓解环境污染,并不能从根本上解决问题。程鹏和周斌(2006)认为,要实现经济社会的可持续发展,应该将清洁生产技术和末端治理技术有机结合起来以实现更好的环境经济效益。生产过程难以全部做到零排放,因此末端治理技术必不可少;同时,已经存在的环境污染问题也只能通过末端治理来解决。高迎春等(2011)认为,末端治理技术应用于生产过程的最终阶段更多地体现为环境效益,是清洁生产技术的有益补充,能够降低工业生产所带来的负面影响。刘伟明(2014)认为,虽然末端治理技术运行费用巨大,难以彻底治理污染,但也能在一定程度上减轻生产活动所造成的污染和破坏。

在推动末端治理技术扩散方面,杨朝均、杨红娟(2016)认为,各地政府应该制定相应的税收优惠政策来激励企业引进末端治理技术;对环保技术的引进加强管理和评价,对引进技术的环保指标进行重点审核。此外,还可以通过引进吸收国外先进治污技术,通过再创新来推动末端治理技术的快速发展。

2.3.3 环保技术扩散的测度

目前,大多数文献对于环保技术扩散的度量指标均不够全面,如周力、应瑞瑶(2009)使用发明专利数来度量环保技术扩散,但是由专利到新产品的产生还存在着中间转化过程,而且该指标也无法反映末端治理技术的情况。并且由于缺少相关数据,对于两种环保技术相关的投入难以有效区分,因此对于清洁生产和末端治理两种环保技术扩散影响的讨论大多停留在理论层面(汪利平、于秀玲,2010;Montalvo,2008),鲜有文献进行实证方面的探讨。陈媛媛(2011)的处理方法给我们提供了很好的借鉴,该文采用单位产品产污量的倒数表征清洁生产,污染排放率的倒数表征末端治理。但是其在计算环保技术指标时只使用了 SO_2 一种污染物,难以全面刻画多种环保技术的扩散状况。

2.4 环境分权对环保技术扩散的影响

关于环境分权对环保技术扩散影响的研究相对较少,大多数文献都是从政府环境规制的角度去研究政府对于环保技术扩散的影响,但并没有得到一致结论，主要有以下几种观点：①环境规制对环保技术的扩散存在促进作用。Jasch（1994）的研究表明，政府制定的环境标准能够影响企业的生产活动，对推动清洁生产和环境管理起了很大的作用。Reijnders（2003）也认为政府的有效监管能够激励企业引进环保技术，从而更加有利于清洁生产技术的扩散。Shin等（2008）通过对59家"绿色"公司进行调查研究表明：外部社会和政策因素是影响清洁生产决策的主要因素，严格的环境标准能够推动企业的清洁生产决策。王锋正、郭晓川（2015）认为，提高环境规制强度能有效促进企业的绿色技术创新扩散。王娟茹、张渝（2018）对政府环境规制进行了分类，采用层级回归分析的实证方法说明了政府环境规制中的命令控制型和市场激励型均对环保技术的创新扩散有显著的正向诱导作用。②环境规制负向影响企业环保技术扩散。Gray（1987）研究发现，强制性的环境规制导致企业成本上升，不利于企业进行绿色技术的研发创新。Dean和Brown（1995）基于瑞典纸浆、造纸业的研究同样得出严格环境规制阻碍企业技术创新的结论。尤济红等（2016）研究发现，环境规制会对企业的研发投入产生挤占作用。此类研究主要基于成本视角，强调了环境规制给企业带来的高遵循成本。③环境规制与环保技术的扩散之间存在非线性关系。董直庆、焦翠红（2015）研究发现，环境规制对清洁技术创新扩散的作用并未表现出单一正向特征，经济发展阶段和所有制结构使二者关系呈现非线性双重门槛特性。郑晖智（2016）的研究证实了"引致创新假说"，即环境规制对绿色技术创新扩散有显著的激励作用，但这种激励作用的大小却因行而异、因企而异。姚小剑等（2018）认为，环境规制与绿色技术进步之间存在"U"

形关系。

此外，在环保技术的实证研究方面，多数文献采用的是参数模型。景维民、张璐（2014）选取 2003~2010 年中国 33 个工业行业的面板数据，使用可行广义最小二乘法和系统广义矩方法，研究了环境管制、对外开放与中国工业的绿色技术进步之间的关系。李婉红（2015）采用 29 个省域制造业的数据，基于地理加权回归模型估计了排污费制度对绿色技术创新的驱动作用。谢荣辉（2017）使用两阶段模型基于 2000~2012 年中国 30 个省份的面板数据检验环境规制对环保技术创新和非环保技术创新以及引致创新对绿色生产率提升的影响。但对于技术扩散这一具有明显非线性特征的问题，参数模型存在模型预先设定偏误的潜在隐患（李春磊，2011；Abdallh 和 Abugamos，2017），相关研究结论准确性和稳健性有待检验。

2.5 小结

通过对已有文献进行梳理发现存在着以下几点不足：①没有将横向分权和纵向分权纳入统一框架考虑其对环保技术扩散的影响；②实证方法上也多是使用参数模型，存在着模型预先设定偏误的潜在隐患；③在刻画环保技术扩散程度时多选取单一污染物来衡量。因此，本书后续将从以下几个方面进行拓展研究：首先，从环境纵向和横向分权的角度来探讨环境分权管理制度对环保技术扩散的影响，克服了以往文献对地方政府与地方环保部门之间横向分权的忽视。其次,使用半参数可加面板模型,解决了模型预先设定偏误的潜在隐患,不同于以往文献,本书还进行了不同扩散阶段的边际效应分析。最后,为了更全面地刻画环保技术扩散的现状,选取了五种污染物,分别针对清洁生产技术和末端治理技术两个具有明显差异的技术类型分析其受环境分权的影响。

3

环境分权对环保技术扩散影响的理论分析

环保技术的扩散更多地体现为社会效益和环境效益，作为追求经济效益的市场主体往往缺乏引进环保技术的动力，因此，政府在环保技术扩散过程中的参与和推动就必不可少。本章在研究政府对环保技术扩散的影响之前，首先从机制层面明确了政府环境分权管理体制的内在构成要素及理论层面对环保技术扩散可能的影响机制。

3.1 环境分权管理体制

3.1.1 环境分权管理体制的构成要素

环境分权管理体制作为财政分权管理体制在环境领域的分支，其构成要素主要有组织体系、权责划分和运行机制。首先，作为环境管理体制最基本的构成要素，组织体系主要是指环境管理机构的相关设置以及相互关系。我国环境管理体制组织体系是由中央环保部门、地方政府以及地方环保职能部门等多级行政机关所组成的"条块并存"的分权管理体制。在纵向上存在着"条领导"，即上级环保部门与下级环保部门之间领导与被领导的行政隶属关系。在横向上存在着"块领导"，即地方环保职能部门服从于地方政府的领导，同时具有环保职能的部门相互配合分工合作。其次，权责划分指与环境管理相关的不同机构在环境管理权责方面的划分。中央环保部门、地方政府以及地方环保职能部门等行政机构作为"条块"管理体制中的主体，权责主要是在以上各个行政机构之间进行划分：一是中央环保部门与地方环保部门在纵向权责上的划分；二是地方政府与地方环保部门在横向权责上的划分；三是环境管理权责在同一层级环保职能部门之间的划分，如环保部门、国土资源部门、林业部门和水利部门等机构之间的划分，由于本书主要研究纵向和横向上的环境管理权责划分对环保技术扩散的影响，故将具有环保职能的地方部门统一视为地方环保部门。最后，环境管理体制的运行机制主要包括决策机制、执行机制、协调机制以及监督机制等各个主体管理机构履行职权的方式，是各个机构以及各种权责之间进行互动的形式。

环境管理体制是一个由组织体系、权责划分和运行机制共同组成的有机整体。组织体系是环境管理体制的运行载体，是环境职能得以发挥作用的组织基础。权责划分明确了体制中各主体的活动范围，是环境管理体制的核心内容。运行机制是环境管理体制的互动规则，整个环境管理体制的运转需要通过运行机制的规范和引导。

3.1.2 我国环境分权管理体制的发展历程

环境分权管理体制的发展与环境问题的恶化状况、世界环境形势的变化以及政府管理体制的深化改革等因素具有十分密切的关系。环境分权管理体制的发展主要是指组织体系、权责划分以及运行机制等构成要素的变化，其中环保主管部门的变化最为重要。

国务院环境保护领导小组成立于1973年，是我国最早的专门环境管理机构。1979年颁布的《环境保护法（试行）》专门对环保机构的设置进行了规定，地方环保机构也逐步设立，从而使我国的环境管理体制得以初步建立。1982年成立了城乡建设与环境保护部，同时将环境保护领导小组办公室吸纳为其下属的环境保护局。由于城乡建设与环境保护的内涵并不一致，从而导致了环保部门缺乏应有的独立性。于是，1984年成立了国务院环境保护委员会，成为环境保护局的领导机构，并将其更名为国家环境保护局，环境保护工作的独立性得到增强。1988年，国家环保局进一步升格为国务院直属机构而得以独立运行。1998年，撤销了国务院环境保护委员会并将国家环保局升级为正部级别的国家环境保护总局，其环境保护职能得到进一步扩大（张东晨，2014）。2008年，在国家环保总局的原有基础上组建了环境保护部，成为国务院的组成部门。2018年，又成立了生态环境部，将环境保护放在了更加重要的位置。

国家环保主管部门的变化主要体现了两个趋势：一是国家环境保护工作的独立性不断得到增强，国家对环保工作的认识水平和重视程度不断提高；二是国家环境环保工作的权责更加明晰，有利于政府管理工作的规范化。

3.1.3 条块并存的环境分权管理体制

我国的行政管理体制属于"条块并存"的管理体制，"条块"管理体制与当前环境管理工作中出现的许多问题存在密切联系。尽管"条块"体制能够满足国家行政管理的基本需要，但是"条块"体制并非完美，其固有的缺陷会对环境保护工作产生一定的消极影响。条块体制最主要的缺陷就是"条块分割"。在"条块"体制中，政府被"条块"分割为相互独立的部分，权力趋于碎片化。一方面，我国的环境保护工作按照行政区的范围进行职责划分，主要由地方政府负责，其界限十分明晰；另一方面，由于资源的稀缺性，同级地方政府之间为了各自的利益也存在着竞争关系。当把自然环境进行人为行政区域划分后,地方政府会以自身的局部利益为重,导致地方保护行为盛行。

行政隶属关系依赖是条块管理体制的另一个固有缺陷。在"条块并存"的环境分权管理体制中,上级部门与下级部门除了直接领导关系外还存在业务指导的间接控制,即存在纵向的"条领导",在地方层面,各职能部门都隶属于地方政府管理,即横向上的"块领导"。条块并存的环境分权管理体制是"以块为主,以条为辅"的双重领导。如果地方政府为了其他目标对环保工作不重视,甚至对环保部门施加压力,在财权和人事权上进行制约,上级环保部门就很难突破地方政府的保护主义而通过"条领导"的路径对下级环保部门施加影响(张东晨,2014)。

3.2 环境分权对环保技术扩散的影响机制

尽管环境分权与财政分权存在一定的联系,环境分权主要涉及的是环境事权的划分、是一个渐进的动态变迁和博弈均衡过程、是不同层级政府的环境治理行为和策略互动行为的集中体现。李瑞昌(2012)认为,目前中国在环境治理领域存在环保部权力过度集中的问题,而环保职责又大量依赖地方环保部门加以执行。由于各省的环保部门在财权和人事权上受到省委、省政府的约束,因此,地方环保部门同时受到上级环保部门和地方政府的双重领导。具体而言,作为地方环境规制主体的地方环保部门受到"条块"委托代理的双重领导。中央的环保政策由环保部层层下达到地方环保部门,由地

3 环境分权对环保技术扩散影响的理论分析

方环保部门具体执行,同时在监察审批等环保事权上又进行了一定程度的划分。同时,地方环保部门还经常受到环保部的检查和技术上的指导,这就是环境治理中的"条领导"。因此,环境分权在上下级环保部门之间存在着纵向分权。同时,地方环保部门又隶属于当地政府,地方环保部门在人员编制和经费预算上受到地方政府的约束。这就形成了"块领导"的委托代理关系。同样,地方政府其他部门与环保部门之间也存在着行政资源的分配与环保权利责任的划分,即环保横向分权。不同于纵向分权,横向分权主要体现为地方政府支持环境保护的意愿和对环保工作的支持力度。基于此,我们将从纵向分权和横向分权两个角度来探讨环境分权对环保技术扩散的影响。

3.2.1 环境纵向分权对环保技术扩散的影响

尽管环境分权属于财政分权的一个分支,但其权责划分并不像财政分权那样明确。在环境分权管理体制实际运行过程中,上级环保部门对下级环保部门除了监督责任外还负责部分具体业务上的指导,实行"条领导"的管理模式。但这种"条领导"管理模式并不是垂直型的管理模式,地方环保部门的人事权、财政收支权以及绩效考核都隶属于地方政府。此外,环境治理事务非常复杂,事权在纵向不同层级政府间的划分也不明晰。环境领域的每一项事权对环境治理所发挥的作用都不一样,需要对其进行细化研究。按照环境治理影响效果以及环境治理事权的内涵不同可以分为以下几类:第一,环境规制标准类,此类事权主要包括政策法规、科技标准以及环境规划的制定和污染排放总量控制。第二,环评审批类,此类事权主要是根据项目的环境影响评估来进行。环评审批是在企业进行生产经营之前所必经的环节，是环境污染源头控制的手段。第三，污染防治类，此类事权主要是为了修复对环境的破坏，对污染进行预防和治理。第四，环境监管类，环境监管事权主要是为了落实环境治理标准、惩戒环境违法行为并有效保障环境治理事务的顺利完成（康达华，2016）。

从纵向分权角度来看，中央环保部门和地方环保部门在立法、审批、监察和监测等方面进行事权划分。当分权水平较低时，环境的监管和审批权都集中于环保部，由于信息的不对称性，环保部很难对地方上的环境状况进行全面的监管，对于一些涉及环保的项目审批也难以做到全面了解，而地方环保部门具有信息优势，可以对地方企业排污进行有效监管（周申蓓和齐文韬，2017），特别是当排污企业面临的无论是冒险排污接受惩罚还是引进环保技术进而导致成本增加的选择时，地方政府为了追求经济增长和环境治理的双重目标，会倾向于引导企业采用环保技术。因此，随着环境纵向分权度的增大，环保技术扩散程度开始逐渐增大；当分权水平到达一定程度后，地方政府承担了超出其能力范畴的环保事权时，由于地方环保部门在财政投入、监测技术、人员配备等行政资源逐步紧张，同时地方环保部门更容易受到地方利益集团的影响，地方环保部门难以对企业保持原有的高效监管，企业则更多基于成本考虑不引进环保技术转而冒险负担违规排污的成本。因此，环境分权对环保技术扩散的促进作用开始呈现下降的趋势。

基于此，我们提出假说1：环境纵向分权与环保技术扩散之间呈现倒"U"形结构，当分权度较低时，环保技术的扩散程度随着分权度的提高而增大；当分权度较高时，环保技术的扩散度随着分权度的提高而降低。

3.2.2 环境横向分权对环保技术扩散的影响

在横向上，地方政府与地方环保部门之间存在着"块领导"的关系。地方政府掌握着地方环保部门的财权和人事权，而地方政府与中央政府之间的目标并不一致。地方政府为了追求自身利益的最大化，削弱了中央环保部门在环保领域的掌控力，阻碍了环保政策的落实。为了维护地方利益，地方政府对地方环保部门存在着以下制约：首先，对正常环保执法进行干预。为了追求地方经济的发展，吸引外资，地方政府往往打着优化投资环境的旗号来阻碍环保部门执法。对环保部门进行环保检查的程序和次数进行限制，表面上以优化投资环境为企业减负为名，行干预正常的环保执法之实。有些地方政府更是将减免排污费作为优惠手段来吸引外资，导致了排污费额征收不足，进一步加剧了地方生态环境的恶化。其次，对地方环保官员施加压力。在"条块"分权环境管理体制中，地方政府不仅掌握地方环保部门的人事管理权，还为地方环保部门提供运营经费以及在不同的部门间进行协调支持。因此，当地方政府不重视环保工作时就会对地方环保官员施加压力，从而达到保护污染企业的目的。最后，消极行使环保相关权力。如限期治理权和责令关停权仍掌握在地方政府手中，出于地方经济利益的考虑，地方政府通常不愿行使以上权力以对效益较好的污染企业进行变相保护。

从横向分权角度来看，地方政府基于不同的政绩目标，在不同部门之间配置行政资源。当地方政府环境横向分权的水平较低时，地方政府往往倾向于追求地区 GDP 而选择牺牲地区环境，对地方环保部门的支持较少，进而地方环保部门对企业制定的环境标准、监督检查力度也都较低，企业直接排污所缴纳的税费成本远低于引进环保技术减少污染产生的投资成本。在这一区间内，随着横向分权度的提升，环保部门监管力度增大，企业在控制既定生产成本的情况下，接受的排污违规成本越高，采用环保技术的意愿和相关投入越小，所以环境横向分权对环保技术扩散的正向作用随着横向分权度的增大而降低。当环境状况恶化到一定程度，环境保护已成为地区所必须面对的顽疾时，各级政府对待环境保护的态度均产生重大转变，例如，2008 年为应对日益严重的环境问题，环保总局升级为环保部，同时将环境保护纳入地方政府的政绩考核体系，在考核上实行一票否决制和问责制。这些措施提升了地方政府对环境保护的重视程度。地方政府开始大力支持监督地方环保部门的工作，横向分权度得以极大提高，地方环保部门对区域内企业制定较高的环境标准，实行严格的环境监督。逐步使企业直接排污的违规成本大于企业引进环保技术的投资成本，企业会更倾向于引进环保技术，因此，强化到一定程度的环境横向分权对环保技术扩散的影响会出现逆转，伴随着横向分权的增加会促进环保技术的扩散。

基于此，我们提出假说 2：环境横向分权度与环保技术扩散之间呈现"U"形结构，环保技术扩散度随着环境横向分权的增加呈现出先减小后增大的趋势。

为了更好地反映理论机制的基本框架，本书绘制了环境分权与环保技术扩散的关系路径图，如图 3.1 所示。

3 环境分权对环保技术扩散影响的理论分析

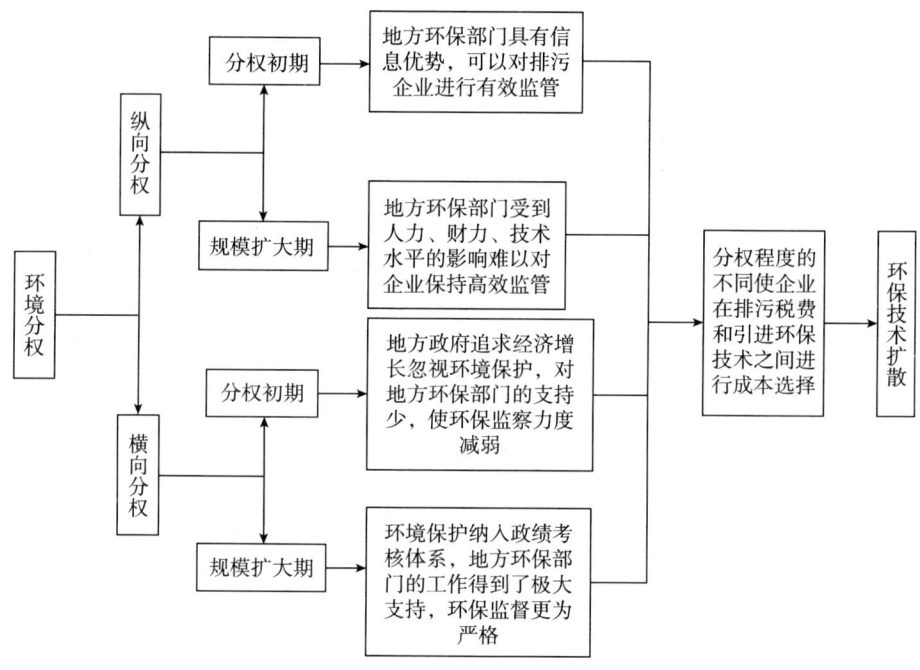

图 3.1 环境分权与环保技术扩散的传导机制

3 环境污染对环境技术扩散影响的理论分析

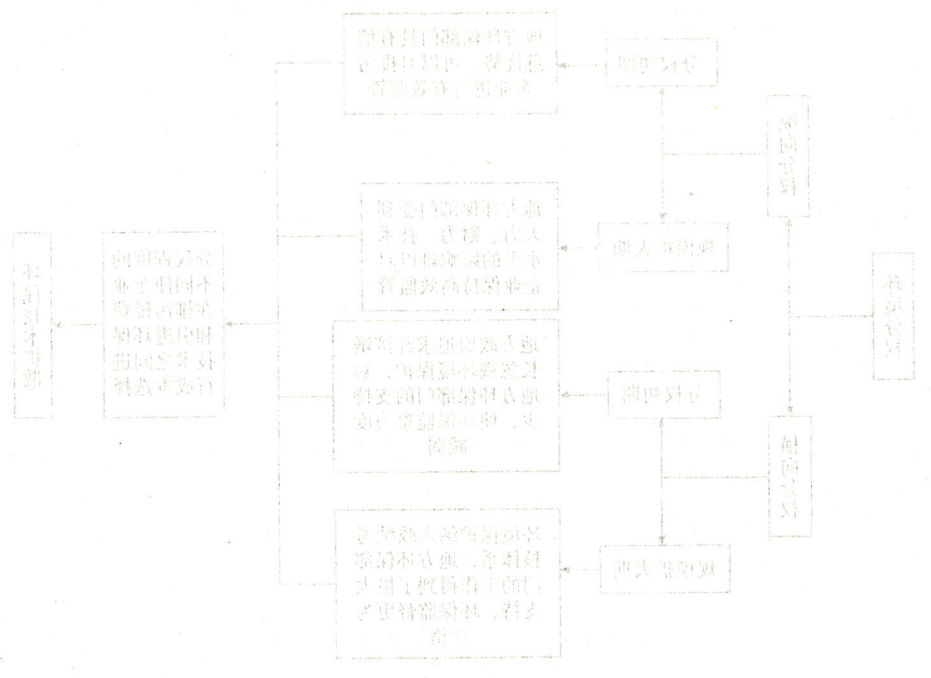

图 3.1 环境污染对环境技术扩散的影响机制

4

半参数可加面板模型方法扩展

4 半参数可加面板模型方法扩展

根据前文所述，为验证相关理论分析的诸多非线性特征，同时避免传统参数估计模型存在的错误先验假定的隐患，对模型假定不做具体要求的非参数估计方法具有更高的适用性。但非参数回归也有其局限性，主要表现为维度诅咒，即当样本量有限而解释变量个数过多时会降低拟合效果。为了更好地探讨解释变量与被解释变量的内在联系，本书采用半参数可加面板模型，通过该模型将非参数估计与传统参数估计加以结合，对确保本书实证研究结论的科学性和可靠性。

4.1 半参数可加面板模型的基本形式

半参数可加模型是由 Opsomer 和 Ruppert（1999）提出的，在此基础上，本书将原截面模型推广到面板形式并加入了个体效应，进而得到半参数可加面板数据模型：

$$\begin{cases} y_{it} = \alpha_i + x_{it,1}\beta_1 + \cdots + x_{it,p}\beta_p + f_1(z_{it}^1) + \cdots + f_q(z_{it}^q) + e_{it} \\ i = 1, \cdots, N; \ t = 1, \cdots, T; \ p, q \in \Re^+ \end{cases} \quad (4-1)$$

其中，y_{it} 为被解释变量，i 为个体代表，t 为时间，$\{x_{it,j}\}_{j=1}^{p}$ 和 $\{z_{it}^j\}_{j=1}^{q}$ 为解释变量，分别对应着模型的参数部分和非参数部分，α_i 为个体固定效应，$\{\beta_j\}_{j=1}^{p}$ 为待估参数，$\{f_j(\cdot)\}_{j=1}^{q}$ 为单维的未知光滑函数，e_{it} 为随机误差项。为了模型的可识别性，我们假设 $\sum_{i=1}^{N}\alpha_i = 0$。

从式（4-1）的结构形式可以看出，可加半参数面板数据模型包括许多面板数据模型作为特殊形式，例如，当 $f_1(\cdot) = \cdots =$

$f_q(\cdot) \equiv 0$ 时，式（4-1）为参数面板数据模型；当 $\beta_1 = \cdots = \beta_p \equiv 0$ 以及 $f_1(\cdot) \equiv f(\cdot)$ 和 $f_2(\cdot) = \cdots = f_q(\cdot) \equiv 0$ 时，式（4-1）为非参数面板数据模型；当 $f_1(\cdot) \equiv f(\cdot)$ 与 $f_2(\cdot) = \cdots = f_q(\cdot) \equiv 0$ 时，式（4-1）是半参数面板数据模型。对比参数和非参数面板数据模型，可加半参数面板数据模型不但避免了参数面板模型的结构设定误差问题，而且解决了非参数面板模型的维度灾难困难，为刻画变量间的非线性关系以及多变量间的函数关系提供了有效工具。

4.2 半参数可加面板模型的估计方法

本书采用一个基于全局—局部思想的回归方法来对可加半参数面板数据式（4-1）进行估计。事实上，Horowitz 和 Lee（2005）已经使用该方法来研究可加非参数截面模型的统计性质并且证明了该方法能够减小估计量的方差，并能获得估计量的最优收敛率。我们对他们的方法进行推广，提出了一个三阶段回归算法来分别估计半参数可加面板数据式（4-1）中的参数部分和非参数部分。

第一阶段：对式（4-1）中的参数与非参数部分进行全局估计。由于 $\{f_j(\cdot)\}_{j=1}^q$ 是未知的，我们首先采用 B 样条函数对其近似：

$$f_j(z^j) \approx \sum_{k=1}^{\lambda} \gamma_{jk} B_{jk}(z^j), j = 1, \cdots, q \quad (4-2)$$

这里对于每一个 $j = 1, \cdots, q$，$\{B_{jk}(\cdot), k = 1, \cdots, \zeta + \hbar + 1\}$ 为一系列 B 样条基函数，$\lambda = \zeta + \hbar + 1$，$\zeta$ 和 $\hbar$ 分别是样条函数的内部节点数目以及阶数以及 $\{\gamma_{jk}, k = 1, \cdots, \zeta + \hbar + 1\}$ 是 $f_j(\cdot)$ 所对应的 B 样条基函数的系数。显然，如果我们知道每个系数 γ_{jk} 的估计，

那么由式（4-2）可以得到每个非参函数 $f_j(\cdot)$ 的估计。

接下来，定义：

$$y_i = \begin{bmatrix} y_{i1} \\ \vdots \\ y_{it} \\ \vdots \\ y_{iT} \end{bmatrix}_{T \times 1}, \quad y = \begin{bmatrix} y_1 \\ \vdots \\ y_i \\ \vdots \\ y_N \end{bmatrix}_{NT \times 1}, \quad x_i = \begin{bmatrix} x_{i1}^1 & \cdots & x_{i1}^p \\ \vdots & \vdots & \vdots \\ x_{it}^1 & \cdots & x_{it}^p \\ \vdots & \vdots & \vdots \\ x_{iT}^1 & \cdots & x_{iT}^p \end{bmatrix}_{T \times p},$$

$$x = \begin{bmatrix} x_1 \\ \vdots \\ x_i \\ \vdots \\ x_N \end{bmatrix}_{NT \times p}, \quad e_i = \begin{bmatrix} e_{i1} \\ \vdots \\ e_{it} \\ \vdots \\ e_{iT} \end{bmatrix}_{T \times 1}, \quad e = \begin{bmatrix} e_1 \\ \vdots \\ e_i \\ \vdots \\ e_N \end{bmatrix}_{NT \times 1},$$

$$B(z_i) = \begin{bmatrix} B_{11}(z_{i1}^1) & \cdots & B_{1\star}(z_{i1}^1) & \cdots & B_{q1}(z_{i1}^q) & \cdots & B_{q\star}(z_{i1}^q) \\ \vdots & & \vdots & & \vdots & & \vdots \\ B_{11}(z_{iT}^1) & \cdots & B_{1\star}(z_{iT}^1) & \cdots & B_{q1}(z_{i1}^q) & \cdots & B_{q\star}(z_{iT}^q) \end{bmatrix}_{T \times q\star},$$

$$B(z) = \begin{bmatrix} B(z_1) \\ \vdots \\ B(z_N) \end{bmatrix}_{NT \times q\star}, \quad \alpha = \begin{bmatrix} \alpha_2 \\ \vdots \\ \alpha_N \end{bmatrix}_{(N-1) \times 1}, \quad \beta = \begin{bmatrix} \beta_1 \\ \vdots \\ \beta_p \end{bmatrix}_{p \times 1},$$

$$\gamma_j = \begin{bmatrix} \gamma_{j1} \\ \vdots \\ \gamma_{j\zeta} \end{bmatrix}_{\zeta \times 1}, \quad \gamma = \begin{bmatrix} \gamma_1 \\ \vdots \\ \gamma_q \end{bmatrix}_{q\zeta \times 1},$$

以及 $d_N = \begin{bmatrix} -i_{N-1} & I_{N-1} \end{bmatrix}^T$ 和 $D = (I_N \otimes i_T) d_N$，这里 I_l 为 $l \times l$ 单位矩阵，i_l 为元素全部为 1 的 $l \times 1$ 向量，**T** 为转置运算，$\otimes$ 为 Kroneker 乘积运算。

这样,式(4-1)可以用矩阵形式表示为:

$$y \approx D\alpha + x\beta + B(z)\gamma + e \tag{4-3}$$

通过式(4-3),我们可以看出,通过 B 样条函数近似,可加半参数面板数据式(4-1)被整体近似为一个参数面板数据式(4-3)。

最后,参数 α、β 和 γ 的估计由式(4-4)来获得:

$$\min_{\alpha,\beta,\gamma}[y - D\alpha - x\beta - B(z)\gamma]^T[y - D\alpha - x\beta - B(z)\gamma] \tag{4-4}$$

对式(4-4)进行求解,得:

$$(\hat{\alpha}, \hat{\beta}, \hat{\gamma})^T = (\Phi^T\Phi)^{-1}\Phi^T y \tag{4-5}$$

其中,$\Phi = [D, x, B(z)]^T$。

特别地,参数 γ 的估计为:

$$\hat{\gamma} = [B^T(z)HB(z)]B^T(z)Hy, \tag{4-6}$$

这里,$H = I_{NT} - D(D^T M_x D)^{-1}D^T M_x - (x^T M_D x)^{-1}x^T M_D$,$M_x = I_{NT} - x(x^T x)^{-1}x^T$ 以及 $M_D = I_{NT} - D(D^T D)^{-1}D^T$。

在使用 B 样条近似时,非参函数拟合的优劣性直接受到样条阶数 $\hbar$ 和内部节点数目 ζ 的影响。因此,我们需要选择合适的样条阶数 $\hbar$ 和内部节点数目 ζ。通常来说,使用立方样条 $\hbar=3$ 能够满足一般函数近似的需求,而内部节点数目 ζ 的选择更加重要。类似于 Wang 等(2009)的研究,我们通过极小化如式(4-7)的 Schwarz-type 信息准则来选择 ζ:

$$\text{SCI}(\zeta) = \log\{(y - D\hat{\alpha}_{(\zeta)} - x\hat{\beta}_{(\zeta)} - B(z)\hat{\gamma}_{(\zeta)})^T \times i_{NT}\} +$$

$$\frac{\log(NT)}{2NT}(N + p + q\lambda) \tag{4-7}$$

这里 $\hat{\alpha}_{(\zeta)}$、$\hat{\beta}_{(\zeta)}$ 和 $\hat{\gamma}_{(\zeta)}$ 是由式（4-4）得到的参数估计。

第二阶段：对式（4-1）中的参数部分进行局部估计。定义：

$$B(z) = [B_{11}(z^1), \cdots, B_{1\bar{\kappa}}(z^1), \cdots, B_{q1}(z^q), \cdots, B_{q\bar{\kappa}}(z^q)]_{1 \times q\bar{\kappa}} \quad (4-8)$$

由式（4-6）可知，式（4-1）中的非参数部分的估计可以表示为：

$$\hat{f}_1(z_{it}^1) + \cdots + \hat{f}_q(z_{it}^q) = B(z_{it})\hat{\gamma} \quad (4-9)$$

如果我们记 $\tilde{y}_{it} = y_{it} - \hat{f}_1(z_{it}^1) - \cdots - \hat{f}_q(z_{it}^q)$，那么有：

$$\tilde{y}_{it} = \alpha_i + x_{it,1}\beta_1 + \cdots + x_{it,p}\beta_p + u_{it} \quad (4-10)$$

其中，u_{it} 是残差项。

进一步地，对式（4-10）中的 t 进行平均，得：

$$\bar{\tilde{y}}_i = \alpha_i + \bar{x}_{i,1}\beta_1 + \cdots \bar{x}_{i,p}\beta_p + \bar{u}_i \quad (4-11)$$

这里 $\bar{\tilde{y}}_i = T^{-1}\sum_{t=1}^{T}\tilde{y}_{it}$，$\bar{x}_{i,j} = T^{-1}\sum_{t=1}^{T}x_{it,j}$，$\bar{u}_i = T^{-1}\sum_{t=1}^{T}u_{it}$。

下面，用式（4-10）减式（4-11）得到：

$$\tilde{y}_{it} - \bar{\tilde{y}}_i = (x_{it,1} - \bar{x}_{i,1})\beta_1 + \cdots + (x_{it,p} - \bar{x}_{i,p})\beta_p + u_{it} - \bar{u}_i \quad (4-12)$$

此外，若记 $\Delta \tilde{y}_{it} = \tilde{y}_{it} - \bar{\tilde{y}}_i$ 和 $\Delta x_{it} = (x_{it,1} - \bar{x}_{i,1}, \cdots, x_{it,p} - \bar{x}_{i,p})^T$，则参数 β 的估计为：

$$\hat{\beta} = \underset{\beta}{\mathrm{argmin}} \sum_{i=1}^{N}\sum_{t=1}^{T}(\Delta \tilde{y}_{it} - \Delta x_{it}^T\beta)^2 \quad (4-13)$$

从式（4-13）解得 $\hat{\beta}$ 的解析表达式为：

$$\hat{\beta} = \left(\sum_{i=1}^{N}\sum_{t=1}^{T}\Delta x_{it}^T \Delta x_{it}\right)^{-1}\left(\sum_{i=1}^{N}\sum_{t=1}^{T}\Delta x_{it}^T \Delta \tilde{y}_{it}\right) \quad (4-14)$$

并得到固定效应参数 α_i 的估计：

$$\hat{\alpha}_i = \bar{\tilde{y}}_i - \bar{x}_{i,1}\hat{\beta}_1 + \cdots + \bar{x}_{i,p}\hat{\beta}_p \quad (4-15)$$

第三阶段：对式（4-1）中的非参数部分进行局部估计。定义：$\hat{\mu}_j(z_{it}^j) = \hat{f}_1(z_{it}^1) + \cdots + \hat{f}_{(j-1)}(z_{it}^{j-1}) + \hat{f}_{(j+1)}(z_{it}^{j+1}) + \cdots + \hat{f}_q(z_{it}^q)$，这里 $\hat{f}_l(z_{it}^l)$，$l = 1, \cdots, j-1, j+1, \cdots, q$ 是来自第一阶段的全局估计。假设 $f_j(z_{it}^j)$ 二阶连续可导，于是由 Taylor 展式，在给定的 z^j 处的某个领域内，其可被局部近似为：

$$f_j(z_{it}^j) \approx f_j(z^j) + f'_j(z^j)(z_{it}^j - z^j)$$
$$= a^j + b^j(z_{it}^j - z^j) \quad (4-16)$$

其中，$a^j = f_j(z^j)$ 和 $b^j = f'_j(z^j)$。这样，对非参数 $f_j(z^j)$ 的估计就转化为对参数 a^j 的估计，如果使 $\tilde{y}_{it}^j = y_{it} - \hat{\alpha}_i - x_{it,1}\hat{\beta}_1 - \cdots - x_{it,p}\hat{\beta}_p - \hat{\mu}_j(z_{it}^j)$，这里 $\hat{\alpha}_i$ 以及 $\hat{\beta}_l$，$l = 1, \cdots, p$ 是来自第二阶段的参数估计，那么 a^j 和 b^j 的估计可以通过极小化下列目标函数得到：

$$\sum_{i=1}^{N}\sum_{t=1}^{T}[\tilde{y}_{it}^j - a^j - b^j(z_{it}^j - z^j)]^2 K\left(\frac{z_{it}^j - z^j}{h}\right) \quad (4-17)$$

这里 $K(\cdot)$ 是一个光滑核函数和 $h > 0$ 为窗宽参数。下面定义：

$$\tilde{y}_i^j = \begin{bmatrix} \tilde{y}_{i1}^j \\ \vdots \\ \tilde{y}_{it}^j \\ \vdots \\ \tilde{y}_{iT}^j \end{bmatrix}_{T \times 1}, \quad \tilde{y}^j = \begin{bmatrix} \tilde{y}_1^j \\ \vdots \\ \tilde{y}_i^j \\ \vdots \\ \tilde{y}_N^j \end{bmatrix}_{NT \times 1}, \quad z_i^j = \begin{bmatrix} 1 & z_{i1}^j - z^j \\ \vdots & \vdots \\ 1 & z_{it}^j - z^j \\ \vdots & \vdots \\ 1 & z_{iT}^j - z^j \end{bmatrix}_{T \times 2}, \quad z^j = \begin{bmatrix} z_1^j \\ \vdots \\ z_i^j \\ \vdots \\ z_N^j \end{bmatrix}_{NT \times 2},$$

$\theta^j = \begin{bmatrix} a^j \\ b^j \end{bmatrix}_{2 \times 1}$ 以及 $W = \mathrm{diag}\left(K\left(\frac{z_{11}^j - z^j}{h}\right), \cdots, K\left(\frac{z_{NT}^j - z^j}{h}\right)\right)_{NT \times NT}$，这里 diag（·）表示对角矩阵。那么，式（4-17）可以用矩阵表示为：

4 半参数可加面板模型方法扩展

$$(\tilde{y}^j - z^j\theta^j)^T W(\tilde{y}^j - z^j\theta^j) \quad (4-18)$$

从式 (4-18) 解得 θ^j 的估计：

$$\hat{\theta}^j = (z^{jT}Wz^j)^{-1}z^{jT}W\tilde{y}^j \quad (4-19)$$

因此，由式 (4-19) 可以直接得到 $f_j(z^j)$ 的估计：

$$\hat{f}_j(z^j) = \hat{a}^j = e_1^T(z^{jT}Wz^j)^{-1}z^{jT}W\tilde{y}^j \quad (4-20)$$

其中，$e_1 = (1, 0)^T$。

在进行局部非参数估计时，我们需要选择核函数和窗宽参数。对于核函数，我们使用 Gaussian 核函数 $K(u) = (2\pi)^{-1/2}\exp(-u^2/2)$。类似于 Su 和 Ullah (2006)，我们使用如式 (4-21) 的交叉核实准则来选择窗宽：

$$h^{opt} = \arg\min_h CV(h) \equiv \frac{1}{NT}\sum_{i=1}^{N}\sum_{t=1}^{T}\{\tilde{y}^j - \hat{f}_j^{(-it)}(z_{it}^j)\}^2 \quad (4-21)$$

这里 $\hat{f}_j^{(-it)}(z^j)$ 是删除第 z_{it}^j 个观测由式 (4-17) 得到的 $f_j(z^j)$ 估计。

5

环境分权对环保技术扩散影响的实证分析

5 环境分权对环保技术扩散影响的实证分析

根据前文理论分析，为验证理论假设的非线性变化特征并避免参数估计模型的预先设定偏误，确保实证结论的可靠性，本书采用半参数可加面板模型进行实证检验。首先，对环保技术扩散指数以及环境分权的指标进行了说明，并结合前述理论分析选取控制变量，以此为基础构建半参数可加面板模型；其次，选取2004~2016年省级面板数据进行了实证分析，为了进一步探讨环境分权对环保技术扩散的影响，本部分还进行了边际效应分析；最后，为了确保估计结果的稳健性，还对模型进行了参数和非线性检验。

5.1 指标选取

5.1.1 被解释变量

环保技术扩散指数（EPT）。根据前文对环保技术扩散的界定，本书借鉴陈媛媛（2011）的思路，使用清洁生产技术扩散指数（CPT）和末端治理技术扩散指数（EMT）作为被解释变量来表征环保技术扩散程度。用污染产生率即单位工业增加值所产生的污染量的倒数来表示清洁生产技术的扩散程度；用污染排放率即排放量与产生量比值的倒数来表示末端治理技术的扩散程度。为全面衡量多种污染物治理技术的扩散程度，特选取工业固体废物、废水、二氧化硫、氮氧化物以及烟尘等污染物加以衡量，具体加权如式（5-1）所示：

$$w_i(X_i - m_i)/(M_i - m_i), \quad i = 1, 2, 3 \qquad (5-1)$$

其中，w_i 为清洁生产技术扩散程度（末端治理技术扩散程度）的权重；X_i 为各省历年五种清洁生产技术扩散程度（末端治理技术扩散程度）；m_i 为清洁生产技术扩散程度（末端治理技术扩散程度）的最小值；M_i 为最大值。权重 w_i 的计算方法采用独立性权重系数法，即根据一种清洁生产技术扩散程度（末端治理技术扩散程度）与其他清洁生产技术扩散程度（末端治理技术扩散程度）的共线性强弱来确定该清洁生产技术扩散程度（末端治理技术扩散程度）的权重，各指标的权重（综合共线性即复相关系数，也可以看作对调整后的 R^2 进行开方的数值结果）计算公式如式（5-2）所示：

$$\varphi_i = \{adjR^2\}^{-1/2} = \{1-(1-R^2)(n-1)/(n-k)\}^{-1/2} \quad (5-2)$$

对 φ_i 进行标准化处理从而可得出权重，表达式为 $w_i = \varphi_i / \sum_{i=1}^{n} \varphi_i$。其中，$adjR^2$ 为调整拟合优度，k 为待估参数个数，R^2 为拟合优度，R 的具体表达式如式（5-3）所示：

$$0 \leqslant R^2 \equiv \sum_{i=1}^{n}(\hat{y}_i - \bar{y})^2 / \sum_{i=1}^{n}(y_i - \bar{y})^2 \leqslant 1 \quad (5-3)$$

其中，y_i 为被解释变量；$\hat{y}_i$ 为被解释变量的拟合值；$\bar{y}$ 为被解释变量的均值。

5.1.2 核心解释变量

（1）环境纵向分权（ZED）。对于环境纵向分权指标的构建，借鉴康达华（2016）的方法，利用中央和地方环保机构的人员分布来表征环境纵向分权。一方面，环保机构和人员作为政府实现环保职能的载体，在其不同层级机构间的人员分布在一定程度上体现了环保事权的划分，人员的变动也在一定程度反映了事权划分的变动。

同时，使用不同层级机构间的人员分布来测算管理分权程度也是国际通行的指标（刘洋等，2010）。具体指标设定如下：

$$ZED_{it} = (LEDP_{it}/CEDP_t) \times [1 - (GDP_{it}/GDP_t)] \quad (5-4)$$

其中，ZED_{it}为第i省第t年的环境纵向分权度。$LEDP_{it}$为第i省第t年省级环保机构环境工作人员数量，$CEDP_t$为第t年中央环保机构本级环境监管工作人员数量。相对已有文献（陆远权和张德钢，2016；张华等，2017）多数采用省环保系统工作人员/全国环保系统工作人员表示环境分权度，本书采用的是省级环保系统工作人员/中央环保系统工作人员来衡量环境纵向分权度，更加侧重的是中央和省级政府在环境事权上的相互博弈。同时，为缓解GDP指标的内生性问题，采用$[1 - (GDP_{it}/GDP_t)]$平减指数对环境纵向分权度指标进行平减。其中，GDP_{it}为第i省第t年的GDP产量，GDP_t为第t年全国GDP产量。

（2）环境横向分权（HED）。环境横向分权体现了地方政府对环境保护的支持力度，我们选取地方政府对环境保护的重视度来衡量环境的横向分权。为全面反映地方政府对环境保护的重视程度，并避免已有文献中普遍存在的实证变量设定的内生性问题，参考陈诗一和陈登科（2018）的做法，我们使用省级政府工作报告中与环境相关词汇出现频数占总词频数的比重作为环境横向分权的代理变量。政府工作报告作为依法行政和执行部门决定、决议的纲要，是指导政府工作的纲领性文件。因此，政府工作报告中与环境相关词汇出现频数占总词频数的比重更能全面地体现地方政府对环境保护的重视程度，反映环境横向分权的全貌。并且，一般政府工作报告为年初公布，其内容不受本年后续相关工作的影响，符合外生工具变量的假定。

5.1.3 控制变量

结合现实,在模型中设置对环保技术扩散具有较强联系的相关控制变量,主要包括:①企业税收负担(QSF):用各地区规模以上的工业企业所得税与企业主营业务收入之比表示。②企业研发强度(QRD):用各地区规模以上的工业企业研发投入与企业主营业务收入之比来表示。③投资开放度(FDI):以各地区实际利用外商直接投资额占GDP的比重表示。④出口依存度(EXD):以各地区出口贸易额占GDP的比重表示。⑤城镇化水平(URB):用城镇人口占总人口的比重来表示。⑥市场化水平(MRK):市场化水平的本质反映政府与市场的关系,市场化水平越强表明企业与地方政府之间的关系越弱,政府越有可能严格监管,越有利于环保技术的扩散。本书采用樊纲、王小鲁的市场化指数指标反映市场化水平,并对缺失年份的数据进行了线性拟合估算。模型中主要变量的定义及其计算方法如表5.1所示。

表5.1 变量的定义及其计算方法

变量类型	变量名称	变量符号	变量说明
被解释变量	清洁生产技术扩散指数	CPT	具体处理见上文
	末端治理技术扩散指数	EMT	具体处理见上文
非参解释变量	环境纵向分权	ZED	省本级环保系统工作人员/中央环保系统工作人员,并使用 $[1-(GDP_{it}/GDP_t)]$ 平减指数进行平减
	环境横向分权	HED	省级政府工作报告中与环境相关词汇出现频数占总词频数的比重

续表

变量类型	变量名称	变量符号	变量说明
参数解释变量	企业税收负担	QSF	用各省规模工业企业的所得税与主营业务之比来表示
	企业研发强度	QRD	用各地区规模工业企业研发投入与企业主营业务收入之比来表示
	投资开放度	FDI	以各地区实际利用外商直接投资额占GDP的比重表示
	出口依存度	EXD	用各省进口总额与地区国内生产总值之比来表示进口依存度
	城市化水平	URB	各省城市人口占总人口之比
	市场化水平	MRK	采用樊纲、王小鲁的市场化指数指标来反映市场化水平

5.1.4 半参数可加面板模型的构建

我们使用半参数可加面板模型探究环境纵向、横向分权与环保技术扩散之间的关系。该模型同时包含了参数部分和非参数部分。考虑到环境纵向、横向分权与环保技术扩散之间可能存在非线性影响，我们将环境纵向、横向分权放在非参数部分，将市场化水平、企业税收负担、企业研发强度、投资开放度、贸易开放度和城镇化水平放在参数部分，由此可得本书的半参数可加面板模型为：

$$\ln CPT_{it} = a_i + f_1(\ln ZED_{it}) + f_2(\ln HED_{it}) + \beta_1 \ln QSF_{it} + \beta_2 \ln QRD_{it} + \beta_3 \ln FDI_{it} + \beta_4 \ln EXD_{it} + \beta_5 \ln URB_{it} + \beta_6 \ln MRK_{it} + e_{it} \quad (5-5)$$

$$\ln EMT_{it} = a_i + f_1(\ln ZED_{it}) + f_2(\ln HED_{it}) + \beta_1 \ln QSF_{it} + \beta_2 \ln QRD_{it} + \beta_3 \ln FDI_{it} + \beta_4 \ln EXD_{it} + \beta_5 \ln URB_{it} + \beta_6 \ln MRK_{it} + e_{it} \quad (5-6)$$

其中，i 为各省的标识，t 为各年份的标识，CPT 和 EMT 分别为清洁生产技术扩散指数和末端治理技术扩散指数，ZED 为环境纵向分权，HED 为环境横向分权；QSF 为企业税收负担，QRD 为企业研发强度，FDI 为各地区投资开放度，EXD 为各地区出口依存度，URB 为城市化水平，MRK 为市场化水平。α_i 为个体效应，ε_{it} 为随机误差项。图 5.1 中显示了环境分权与清洁生产技术扩散以及末端治理技术扩散之间的非线性关系，进一步说明了将环境分权作为非参数部分解释变量的合理性。

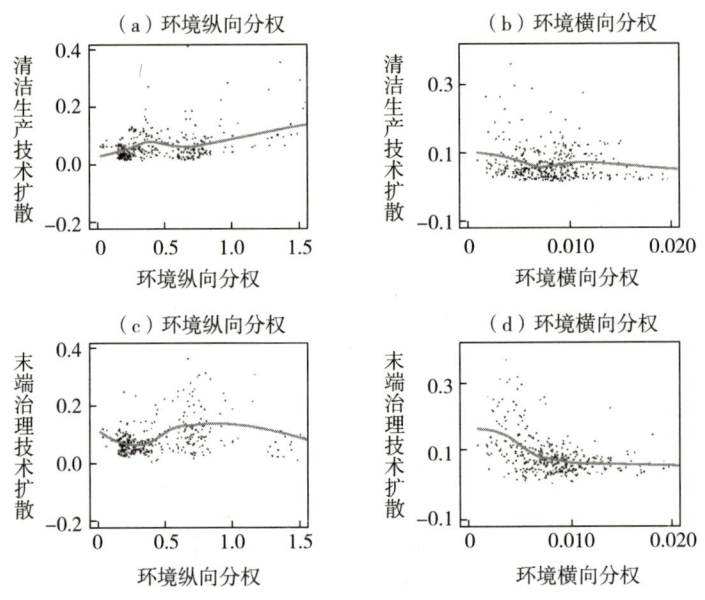

图 5.1　环境分权与环保技术扩散散点图

5.2　数据来源及变量的描述性统计

采用中国 2004~2016 年 30 个省份（基于数据的可获得性，研究不包含西藏、香港、澳门、台湾）的面板数据进行实证研究，数据主要来源于《中国统计年鉴》《中国科技统计年鉴》《中国环境统计年鉴》和国研网统计数据库。在进行实证分析时，对变量进行了对数处理，以消除异方差和量纲的问题，采用 R 语言对数据进行统计和分析。各变量的描述性统计如表 5.2 所示。

表 5.2 描述性统计

变量符号	标准误	均值	极小值	极大值
CPT	0.0513	0.0685	0.0160	0.4155
EMT	0.0685	0.0920	0.0052	0.5926
ZED	0.3685	0.4932	0.0152	1.7927
HED	0.0038	0.0081	0.0009	0.0342
QSF	0.0073	0.0088	0.0031	0.0543
QRD	0.0023	0.0062	0.0008	0.0138
FDI	0.0219	0.0289	0.0008	0.1022
EXD	0.2182	0.1941	0.0173	0.9617
URB	0.1433	0.5122	0.2625	0.8959
MRK	2.3438	7.7335	2.9049	14.3050

由表 5.2 可知，首先，清洁生产技术扩散指数和末端治理技术扩散指数的极小值分别为 0.0160 和 0.0052，极大值分别为 0.4155 和 0.5926，说明地区间环保技术扩散程度的差异较大。其次，环境纵向分权、环境横向分权及控制变量的变化范围也较大，为本书实证研究各变量之间的具体影响效应提供了良好的基础。

5.3 实证分析

本部分利用半参数可加面板模型考查了环境纵向、横向分权对清洁生产技术扩散以及末端治理技术扩散的具体影响变化趋势，并在此基础上，对不同阶段的环境分权对环保技术扩散的影响进行了边际效应分析。

5.3.1 非参数部分实证结果分析

通过半参数可加面板模型的非线性估计,对环境纵向、横向分权与环保技术扩散的影响变化趋势进行测算,结果如图 5.2 所示。

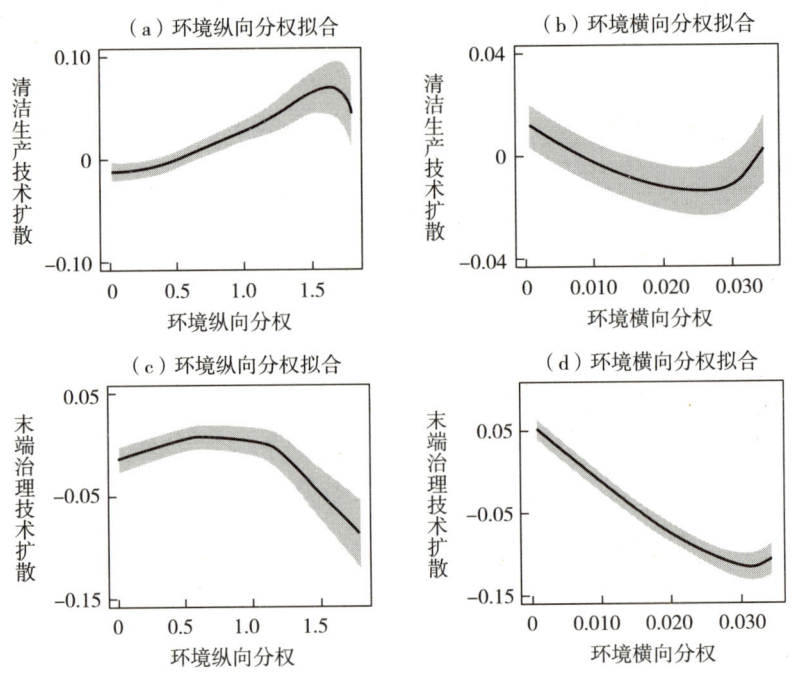

图 5.2 环境分权对环保技术扩散影响估计

(1) 由图 5.2 中(a)和(c)部分可知,环境纵向分权对清洁生产技术扩散和末端治理技术扩散的影响都呈现倒"U"形结构,即伴随着纵向分权力度的加大,技术扩散呈现先上升后下降的变化趋势,从而可以验证假说 1。此外,不同技术类型的扩散对环境分权的敏感程度也存在差异。环境纵向分权对末端治理技术扩散的贡献相对于清洁生产技术扩散的贡献，下降的起始点较早，这与两种环保技术的本身特点有关，末端治理状况易于监测，地方环保部门具有信息优势，所以随着纵向分权度的增加，分权对末端治理技术扩散的贡献度也会快速增加。当地方环保部门的自主权增大后，地方利益集团也会不断地加大对地方环保部门的影响，从而使转折点更快到来；而清洁生产技术具有投资成本高、周期长、对检测依赖性强等特点，所以分权对于清洁生产技术扩散的贡献随着分权度的增加而缓慢上升。

（2）由图5.2中（b）和（d）部分可知，环境横向分权对清洁生产技术扩散以及末端治理技术扩散的影响都呈现"U"形结构，即伴随着环境横向分权力度的加大，技术扩散呈现出先下降后上升的变化趋势，验证了假说2。此外，不同类型的技术同样对环境横向分权的敏感程度不同。环境横向分权对清洁生产技术扩散的贡献相对于末端治理技术扩散的贡献，上升的起始点较早，并且变化趋势也较缓。这主要是因为清洁生产技术应用于生产过程中，当环境监管力度较大时，一些不符合环境标准的项目审批难以获得通过，同时已经应用于生产过程中的技术要变更也较为困难。而末端治理技术应用于易于监测生产末端污染治理过程，当环境监管力度增强到一定程度，企业直接排污的成本大于污染治理的成本时，企业就会迅速引进末端治理技术，所以清洁生产技术扩散的变化趋势较缓，转折点的出现也早于末端治理技术。

5.3.2 参数部分实证结果分析

表5.3分别给出了清洁生产技术扩散和末端治理技术扩散的参

数解释变量的估计结果。

表 5.3 参数变量估计结果

变量	清洁生产技术扩散（lnCPT）	末端治理技术扩散（lnEMT）
lnQSF	-0.4467*** (0.0746)	-0.6757*** (0.0518)
lnQRD	0.0847** (0.0327)	0.0639*** (0.0220)
lnFDI	0.3216*** (0.0739)	0.1171** (0.0551)
lnEXD	-0.1688** (0.0334)	0.0261* (0.0278)
lnURB	0.1655* (0.0493)	0.1248 (0.0512)
lnMRK	0.2761 (0.0256)	0.6733*** (0.0307)
R^2	0.5034	0.6085
F	7.3932	10.4681

注：括号内为标准误。***、**、*分别表示在1%、5%和10%的水平上显著。

由表5.3可知：(1) 企业税收负担抑制了环保技术的扩散，且在1%的显著性水平上影响显著，企业税收负担与清洁生产技术扩散指数以及末端治理技术扩散指数之间的弹性系数分别为-0.4467和-0.6757，即当其他变量保持不变时，企业税收负担每增加1%，分别导致清洁生产技术扩散指数以及末端治理技术扩散指数减少0.4467%和0.6757%。这主要是因为企业税收负担过重导致企业利润减少，企业为了赚取更多的利润会减少环保技术的引进。

(2) 企业研发强度促进了清洁生产技术和末端治理技术的扩散，且分别在5%和1%的水平上影响显著。企业研发强度与清洁生产技术扩散和末端治理技术扩散的弹性系数分别是0.0847和0.0639,即当其他条件不变时,企业研发强度每增加1%,清洁生产技术扩散指数和末端治理技术扩散指数分别增加0.0847%和0.0639%。说明技术偏向型企业更倾向于引进环保技术。

(3) 投资开放度对清洁生产技术和末端治理技术的扩散存在着正向的促进作用,且分别在5%和1%的水平上影响显著。投资开放度与清洁生产技术扩散和末端治理技术扩散的弹性系数分别是0.3216和0.1171,即当其他条件不变时,投资开放度每增加1%,清洁生产技术扩散指数和末端治理技术扩散指数分别增加0.3216%和0.1171%。投资开放度对清洁生产技术扩散的促进作用明显大于其对末端治理技术扩散的促进作用,这可能是由于外商投资所带来的竞争效应使企业更倾向于采用能够带来经济效益的清洁生产技术。

(4) 出口依存度分别在5%的显著性水平上抑制了清洁生产技术的扩散和10%的水平上促进了末端治理技术的扩散,之所以存在相反的效应,可能与我国的出口产品结构有关,我国一直处于低端加工制造阶段,是著名的"世界工厂",低端加工制造虽然可以赚取一定的利润但同时存在着技术依赖,所以阻碍了企业对清洁生产技术的扩散采用;与此同时,低端制造产生了大量的污染,受制于当地环保部门的监管压力,企业会将出口赚取的一部分利润投入自身的污染治理中,进而促进了末端治理技术的扩散。出口依存度与清洁生产技术扩散以及末端治理技术扩散之间的弹性系数分别为-0.1688和0.0261,即其他条件保持不变时,出口依存度每增加1%,清洁生产技术扩散指数相应减少0.1688%,末端治理技术扩散指数相应增加0.0261%。

(5) 城镇化水平正向促进了清洁生产技术的扩散,且在10%的显著性水平上影响显著,城镇化水平与清洁生产技术扩散指数之间的弹性系数为0.1655,城镇化的发展会提升人力资本,人力资本的提升会支撑企业采用先进技术来赚取丰厚利润,先进技术的采用促进了清洁生产技术的扩散。市场化水平正向促进了末端治理技术的扩散且在1%的显著性水平上影响显著。市场化水平与末端治理技术扩散指数之间的弹性系数为0.6733,在其他条件不变时,市场化水平每增加1%,末端治理技术扩散指数相应增加0.6733%。市场化水平的本质是反映政府与市场的关系。市场化水平越强表明企业与地方政府之间的关系越弱,企业受到的监管程度可能越强,越有利于环保技术的扩散。

5.3.3 边际效应分析

为了更具体地量化分析环境纵向、横向分权与清洁生产技术扩散以及末端治理技术扩散之间的关系,对非参数部分进行了求导,并给出了各非参数变量导数的拟合图。具体如下:

$$f'_1(\ln x) = \frac{d\ln y}{d\ln x} = \frac{\Delta y/y}{\Delta x/x} \approx \frac{\Delta y}{\Delta x} \times \frac{x}{y} \tag{5-7}$$

其中,$f'(\ln x)$ 为非参部分解释变量的导数即非参解释变量与被解释变量之间的弹性系数。

(1) 如图5.3(a)所示,环境纵向分权导数大于0的部分对应着图5.2(a)转折点之前的部分,该部分的平均导数即平均弹性为0.3552。这意味着当其他条件不变时,在环境纵向分权对清洁生产技术扩散存在正效应的阶段,环境纵向分权每增加1%,清洁生产技术扩散指数增大0.3552%;同样,环境纵向分权导数小于0的部

5 环境分权对环保技术扩散影响的实证分析

分对应着图5.2（a）转折点之后的部分，该部分的平均导数即平均弹性为-0.1205。这意味着当其他条件不变时，在环境纵向分权对清洁生产技术扩散存在负效应的阶段，环境纵向分权每增加1%，清洁生产技术扩散指数减小0.1205%。

（2）如图5.3（b）所示，环境横向分权导数小于0的部分对应着图5.2（b）转折点之前的部分，该部分的平均导数即平均弹性为-0.1220。这意味着当其他条件不变时，在环境横向分权对清洁生产技术扩散存在负效应的阶段，环境横向分权每增加1%，清洁生产技术扩散指数减小0.1220%；在环境横向分权对清洁生产技术扩散存在正效应阶段的平均弹性为0.0303，当其他条件不变时，环境横向分权每增加1%，清洁生产技术扩散指数增大0.0303%。

（3）在图5.3（c）中，环境纵向分权导数大于0的部分对应着图5.2（c）转折点之前的部分，该部分的平均导数即平均弹性为0.1607。这意味着当其他条件不变时，在环境纵向分权对末端治理技术扩散存在正效应的阶段，环境纵向分权每增加1%，末端治理技术扩散指数增加0.1607%；同样，环境纵向分权导数小于0的部分对应着图5-2（c）转折点之后的部分，该部分的平均导数即平均弹性为-0.3655。这意味着当其他条件不变时，在环境纵向分权对末端治理技术扩散存在负效应的阶段，环境纵向分权每增加1%，末端治理技术扩散指数减小0.3655%。

（4）如图5.3（d）所示，在环境横向分权对末端治理技术扩散存在负效应阶段的平均弹性为-0.2389，当其他条件不变时，在环境横向分权每增加1%，末端治理技术扩散指数减小0.2389%。同样，在环境横向分权对末端治理技术扩散存在正效应阶段的平均弹性为 0.0193，当其他条件不变时，在环境横向分权每增加 1%，末端治理技术扩散指数增加 0.0193%。

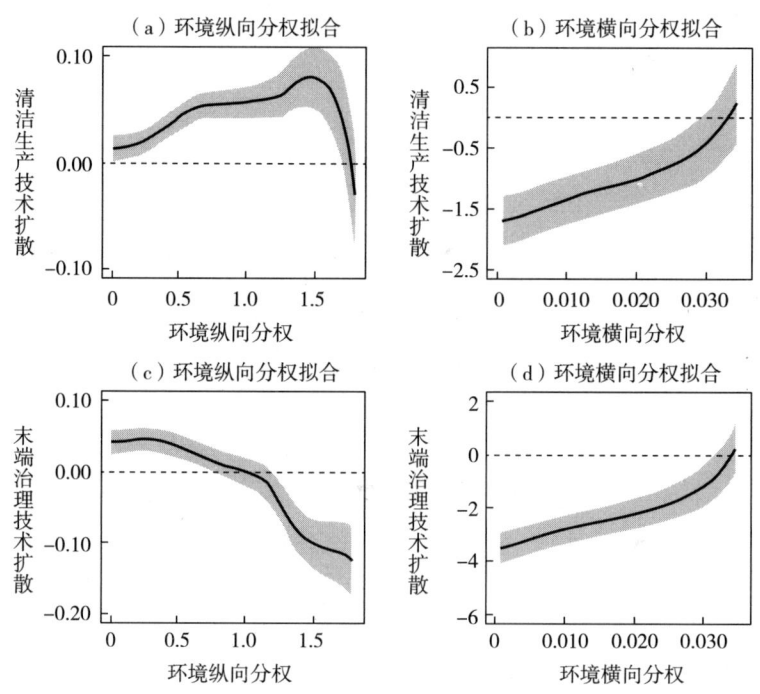

图 5.3 非参数解释变量导数拟合

5.4 稳健性检验

为了检验半参数可加面板模型估计结果的可靠性，对实证模型分别进行了参数和非线性的稳健性检验，具体过程如下：

5.4.1 参数检验

由于环境纵向、横向分权与环保技术扩散之间存在着非线性关

5 环境分权对环保技术扩散影响的实证分析

系,线性面板模型不能很好地拟合两者之间关系,因此为了验证半参数可加面板模型的稳健性,本部分对模型进行重新设定,根据半参数可加面板模型非参部分拟合图形的形状,在模型中引入环境分权的平方项,重新对变量之间的关系进行参数检验。参数模型如下:

$$\ln CPT_{it} = a_i + \lambda_1 \ln ZED_{it} + \lambda_2 (\ln ZED)^2_{it} + \lambda_3 \ln HED_{it} + \lambda_4 (\ln HED)^2_{it} + \beta_1 \ln QSF_{it} + \beta_2 \ln QRD_{it} + \beta_3 \ln FDI_{it} + \beta_4 \ln EXD_{it} + \beta_5 \ln URB_{it} + \beta_6 \ln MRK_{it} + e_{it}$$

(5-8)

$$\ln EMT_{it} = a_i + \lambda_1 \ln ZED_{it} + \lambda_2 (\ln ZED)^2_{it} + \lambda_3 \ln HED_{it} + \lambda_4 (\ln HED)^2_{it} + \beta_1 \ln QSF_{it} + \beta_2 \ln QRD_{it} + \beta_3 \ln FDI_{it} + \beta_4 \ln EXD_{it} + \beta_5 \ln URB_{it} + \beta_6 \ln MRK_{it} + e_{it}$$

(5-9)

各变量定义与前文相同。采用混合回归、固定效应和随机效应模型,并进行了面板F检验和豪斯曼检验,相应的回归结果如表5.4所示。

表5.4 参数检验结果

变量	清洁生产技术扩散($\ln CPT$)	末端治理技术扩散($\ln EMT$)
$\ln QSF$	-0.4125*** (0.0634)	-0.4437*** (0.0468)
$\ln QRD$	0.0926** (0.0376)	0.0719*** (0.0240)
$\ln FDI$	0.3024*** (0.0642)	0.1042** (0.0523)
$\ln EXD$	-0.1533* (0.0334)	0.0244* (0.0253)

续表

变量	清洁生产技术扩散（lnCPT）	末端治理技术扩散（lnEMT）
lnURB	0.1425** (0.0512)	0.1033 (0.0427)
lnMRK	0.2302 (0.0243)	0.6214*** (0.0286)
lnZED	0.1181*** (0.0243)	0.0215** (0.0212)
(lnZED)^2	-0.0571** (0.0142)	-0.0271** (0.0123)
lnHED	-0.5591*** (0.3554)	-0.5744*** (0.5522)
(lnHED)^2	0.0705** (0.0344)	0.1063** (0.0538)
Hausman	35.9180 0.0000	96.9320 0.0000
F	10.8835 0.0000	33.9549 0.0000

注：括号内为标准误，Hausman 检验和 F 检验统计量下方为 P 值，***、**、* 分别表示在 1%、5% 和 10% 的水平下显著。

由于表 5.4 下方 Hausman 和 F 检验结果均强烈拒绝原假设，所以我们选择固定效应来检验半参数可加面板模型的稳健性，由表 5.4 各变量的估计结果可知：①环境纵向分权的一次项和平方项对清洁生产技术扩散和末端治理技术扩散的影响分别在 1% 和 5% 的水平上显著，且一次项的系数为正，二次项的系数为负，说明环境纵向分权对环保技术扩散的影响符合倒"U"形结构，同样支持假说 1；②环境横向分权的一次项和平方项对清洁生产技术扩散和末端治理技术扩散的影响也分别在 1% 和 5% 的水平上显著，且一次项的系数为负，二次项的系数为正，说明环境横向分权对环保技术扩散的影响基本符合"U"形结构,同样支持假说2;③参数部分解释变量的系数估计结果无论是大小、方向还是显著性水平都与半参数可加面板模型的估计结果基本保持一致。综上所述,本部分通过参数检验进一步验证了半参数可加面板模型估计结果的稳健性。

5.4.2 非线性检验

为了进一步验证半参数可加面板模型拟合效果的最优性,本部分通过多项式设定对环境分权与清洁生产技术扩散及末端治理技术扩散之间的关系进行了非线性检验,并通过 AIC 指数来判断模型的拟合效果。根据非参数部分拟合图形,环境纵向分权对清洁生产技术扩散指数以及末端治理技术扩散指数的影响呈现倒"U"形结构,故在式(5-10)和式(5-12)中将环境纵向分权设定为二次多项式去拟合两者之间的关系;此外,环境横向分权对清洁生产技术扩散指数以及末端治理技术扩散指数的影响呈现"U"形结构,因此我们将式(5-11)和式(5-13)中的环境横向分权也设定为二次多项式以拟合两者之间的关系。具体的非线性检验模型设定如下:

$$\ln CPT_{it} = a_i + \lambda_1 \ln ZED_{it} + \lambda_2 (\ln ZED)_{it}^2 + f_2(\ln HED_{it}) + \\ \beta_1 \ln QSF_{it} + \beta_2 \ln QRD_{it} + \beta_3 \ln FDI_{it} + \beta_4 \ln EXD_{it} + \\ \beta_5 \ln URB_{it} + \beta_6 \ln MRK_{it} + e_{it} \quad (5-10)$$

$$\ln CPT_{it} = a_i + f_1(\ln ZED_{it}) + \lambda_3 \ln HED_{it} + \lambda_4 (\ln HED)_{it}^2 + \\ \beta_1 \ln QSF_{it} + \beta_2 \ln QRD_{it} + \beta_3 \ln FDI_{it} + \beta_4 \ln EXD_{it} + \\ \beta_5 \ln URB_{it} + \beta_6 \ln MRK + e_{it} \quad (5-11)$$

$$\ln EMT_{it} = a_i + \lambda_1 \ln ZED_{it} + \lambda_2 (\ln ZED)_{it}^2 + f_2(\ln HED_{it}) + \\ \beta_1 \ln QSF_{it} + \beta_2 \ln QRD_{it} + \beta_3 \ln FDI_{it} + \beta_4 \ln EXD_{it} +$$

$$\beta_5 \ln URB_{it} + \beta_6 \ln MRK_{it} + e_{it} \quad (5-12)$$

$$\ln EMT_{it} = a_i + f_1(\ln ZED_{it}) + \lambda_3 \ln HED_{it} + \lambda_4 (\ln HED)_{it}^2 +$$
$$\beta_1 \ln QSF_{it} + \beta_2 \ln QRD_{it} + \beta_3 \ln FDI_{it} + \beta_4 \ln EXD_{it} +$$
$$\beta_5 \ln URB_{it} + \beta_6 \ln MRK_{it} + e_{it} \quad (5-13)$$

各变量定义与前文相同。AIC 指数的计算方式为：

$$AIC = -2\log \hat{L}_C + 2df \quad (5-14)$$

其中，L_C 为公式的均方差，df 为公式的自由度，AIC 指数越小，表示模型的拟合效果越好。清洁生产技术扩散和末端治理技术扩散的非线性检验估计结果及其 AIC 指数如表 5.5 所示。

表 5.5　多项式设定模型估计结果及 AIC 指数

变量	清洁生产技术扩散				末端治理技术扩散			
	式(5-5)	式(5-10)	式(5-11)	式(5-8)	式(5-6)	式(5-12)	式(5-13)	式(5-9)
$\ln ZED$		0.114 *** (0.024)				0.021 ** (0.026)		
$(\ln ZED)^2$		-0.054 ** (0.014)				-0.027 ** (0.012)		
$\ln HED$			-0.528 *** (0.321)				-0.532 *** (0.411)	
$(\ln HED)^2$			0.061 ** (0.036)				0.113 ** (0.054)	
AIC	-1237.8	-1235.3	-1229.8	-1225.1	-1471.5	-1467.2	-1467.4	-1464.1

注：括号内为标准误，*** 、** 、* 分别表示在1%、5%和10%的水平下显著。

由表 5.5 可知，首先，式（5-10）和式（5-12）的多项式系数分别在 1% 和 5% 的水平下显著，且公式的一次项系数为正、二次项系数为负，故式（5-10）和式（5-12）可以拟合环境纵向分权与清洁生产技术扩散指数以及末端治理技术扩散指数之间的倒"U"形关系;其次,式(5-11)和式(5-13)的多项式系数也分别在1%和5%的水平下显著,且模型一次项系数为负、二次项系数为正,式(5-11)和式(5-13)可以拟合环境横向分权与清洁生产技术扩散指数以及末端治理技术扩散指数之间的"U"形关系;再次,在清洁生产技术扩散的估计模型中,式(5-8)、式(5-10)和式(5-11)的AIC指数均大于式(5-5),故式(5-5)的估计结果更稳健;最后,在末端治理技术扩散的拟合模型中,式(5-6)的AIC指数最小,结果最稳健。综上所述,非线性检验再次验证了半参数可加面板模型估计结果的最优性和稳健性。

6

环境规制与环保技术扩散的国际经验借鉴

6 环境规制与环保技术扩散的国际经验借鉴

环境保护及其技术的研发、转化和扩散是当今社会与环境可持续发展的关键因素,国际上不同发展阶段的国家都对这方面给予了高度的重视,比如美国的环保署在联邦环保支出方面积累了宝贵经验,欧盟环境规制体系严格而完善,日本把加快发展环保能源产业作为推进日本经济社会转型的重要战略内容等。这些国家在环境规制与技术扩散方面的诸多举措对我国具有重要的参考意义。因此,本章通过选取世界不同发展阶段的几个在环境规制和技术扩散方面较为典型的国家,对比各国政府环保政策、技术研发政策,为我国财政分权、环境规制与技术扩散等政策的制定提供有价值的参考。

6.1 美国的经验

美国自1950年后的20年里,由于过度的经济发展而给环境带来巨大的危害,随着环保意识的萌芽和逐步发展,人们开始认识到保护环境的重要性。美国在1970年成立了环境保护署(EPA)后,第一步就是加强环境规制,并对美国环境规制体制进行了一系列重大改革。美国环境规制的经验和环保技术的研发、转化管理值得我们思考和学习。

6.1.1 美国的环境规制举措

(1)环境规制模式的转变。美国环境规制模式从最初的强制性命令规制过渡到自愿性伙伴合作。所谓的强制性命令规制,是指政府主管部门直接制定若干具体的环境管理体系和政策,并用行政手段加以控制、实施。这种模式导致了企业被动地参与环境管理,从而难以发挥其能动性,更无法推动企业主动采取环保型创新技术。除此之外,以有限的政府力量去监管数以万计的污染、破坏环境的行为也是天方夜谭。因此,美国政府将环境规制的主体调整为将企业、公众等各种社会力量融入而形成的自愿性伙伴合作主体。自愿性伙伴合作指的是政府与企业之间以磋商的形式来达成协议,协议要求企业提升自己的环保标准和承担更严格的环境责任,同时明确双方各自的权利和义务。这种模式中各不相同而又相互依赖的参与主体们组成了一个紧密的利益共同体,它们通力合作,共同改善环境质量并维护自身团体利益。

(2)环境规制手段的创新。美国环境规制手段最初以行政手段为主,逐渐演变为基于市场的经济手段。虽然行政规制可以短时间内简化环境标准的实施并提高环境质量,但是该方法有着许多缺陷:①政府支出大大增加。制定污染标准或技术标准,以及对这些标准的实施进行监督和管理,都将花费大量成本。②总体经济效益下降。政策以相同的标准要求所有企业减少排放,而小企业实力不足,没有能力配备控污设备,因此有被市场淘汰的风险。③影响了环保技术的创新与扩散。当企业期望提高技术标准以减少环境污染时,行政措施影响了公司通过技术开发减少污染的积极性和主动性。

在20世纪70年代中期,以市场为基础的经济规制手段替代了种种缺陷的行政规制手段。该规制手段避免使用强制性标准,而是通过补贴、押金、污染收费、排污许可交易制度等鼓励或限制措施手段引入市场机制,促使排污企业自发控制污染物的排放。

6.1.2 美国环境规制的分权实践

20世纪六七十年代,环境联邦主义在美国诞生并逐渐兴起。环境分权理论极大地影响了各国政府制定环境政策,具有代表性的就是其发源地美国。1960年以前,美国的环境政策主要由州、地方政府制定并实施,但自从第一代环境联邦主义理论兴起后便主要倾向于实行集权式管理。随着工业化的发展,汽车行业也逐渐地占领了世界市场,关于汽车尾气的排放就成为了环境污染的一大源头。1960~1970年,环境规制的首要矛头就是汽车。最早开始颁布汽车排放规制条例的是美国的加利福尼亚州,其在1960年制定了《机动车辆污染控制法案》;接着1965年,美国国会通过了联邦《机动车辆空气污染控制法案》,该法案授权建立联邦排放标准;1970年,美国国会通过了《清洁空气法案修正案》,美国环境保护署制定了统一的空气质量国家标准。直到20世纪70年代中期,各种空气污染和水污染基本已达到联邦标准。

伴随着主张分权的第二代环境联邦主义理论逐渐得到多数学者的赞同,"给予州政府更多的空间进行政策试验"的声音越来越多,即便近年来,美国的环保政策表现出一定的集权化,但是州政府在环境规制中依然具有其独特的优势。联邦政府允许州政府实行政策创新。如在包装废弃物的回收和处理方面,州和地方政府是主要负责对象。在温室气体的排放规制上联邦政府也不起主导作用,1990年以后,州政府制定了一系列关于削减温室气体排放的重要立法。目前,美国有22个州实施了强制性减排目标并通过了相关法律法规,人口最多的加利福尼亚州是第一个通过包含强制性减排措施在内的法律的州，新泽西州和夏威夷州也已经通过了相关法律条例，剩下的 19 个州也提出了各自的减排目标。

6.1.3 美国的环保技术扩散

作为一个世界大国，美国处于环境技术研发和产业化的最前沿。美国政府非常重视对环境技术的创新，而环境技术创新是一个复杂的过程，其中不仅包括新技术的发明创造、市场的开发与拓展，还要考虑新技术扩散的问题，因此上述过程都要求政策制定者利用好政策工具，重视政策的多样性（其中包括对各种政策工具进行多样化的组合搭配）、广泛性以及保证政策实施的高效性。为了鼓励环境技术的研发和产业转化，政府采取和实施了大量的激励政策。

（1）为环境技术产业的发展提供政策和资金支持。美国联邦和州一级政府对环保工程项目的资金支持通过免税政策和补贴政策加以激励。同时，建立某些高风险技术示范工程，如美国实施开发可再生能源项目，早在 20 世纪 70 年代，美国就开始认识到能源是极为重要的战略资源，而且对环境污染程度极低，因此将开发可再生能源设为重点工程之一。

（2）运用联邦政府实验室设施和资源，重视从前期技术研发到后期市场拓展的整个环境技术发展生产链上的每一个环节。环境保护署 EPA 作为美国环境保护研究的重要机构，其所属实验室的工作成果代表了美国乃至世界环境的最新成果。主要包括 17 个实验室，一批高学历、专业的科学家和环境保护专家。也会对监管的零售汽车部件（如发动机）、气体、水处理设备等提交材料进行试验审核。

（3）建立联邦绿色采购制度。它是由环保政策和采购政策两部分组成的,从两方面来深化环保问题,完善国家的绿色产品清单、清除负面清单,同时提高采购能力。

(4)建立政府和工业界的合作伙伴关系。一般情况下,私人投资者由于高投资、高风险以及投资期限长的特点对环境技术产业市场望而却步,但是通过建立政府与工业界的合作伙伴关系,可以弥补投资者的利益和国家利益的空白。相比于供给层面的政策工具,联邦政府更加注重环境面政策的选择。环境面政策对企业的行为起到了有效的规范和调节作用,给环境技术市场营造了一种"公平、正规、有效"的环境氛围。

6.2 日本的经验

日本是目前世界上环保产业快速发展最具代表性的几个国家之一。日本国民经济在"二战"后快速发展,一跃发展成为经济排名世界第二的国家,日本的高重化学工业产业与能源产业快速发展,使环境污染问题和自然环境生态破坏严重问题十分突出。21世纪以来,日本积极实施环境能源立国发展战略,把加快发展环保能源产业发展作为不断改善日本经济发展结构、推进日本经济社会转型的重要战略内容,同时,日本在环保技术扩散的政策对日本提升环保产业的国际市场竞争力,促进环境产业技术创新发展起到了至关重要的推动作用,对中国等发展中国家推进环境规制具有重要借鉴意义。

6.2.1　完善的环境法律体系

日本自20世纪五六十年代以来，先后多次颁布了许多关于环境治理的基本法律，主要条例有《环境基本法》《自然环境法》《污染法》等。日本的环境保护法律制度体系明确了日本社会各界包括中央政府、地方各级政府、企业、协会和其他个人的社会责任和法律义务，使其相互合作来努力共同保护环境。另外，日本政府颁布了新的一系列关于涉及财产纠纷诉讼处理、损害救济补偿、事业经营费用合理开支等法律程序性相关规定，为相关法律的实施确立了更加明确的法律程序。可以说，日本环保省的法律制度体系不仅相当完备，而且政策权责衔接关系明确，具有较强的政策执行力。日本因环保相关法律制度体系健全稳固，成了环保法律领域的国际典范。

6.2.2　多中心治理政策框架

日本在处理国内经济社会发展与环境公害污染造成的健康环境问题的过程中往往能够进行深刻反省，并根据国内区域环境治理实际情况和环保观念的不断变化，对国内环境保护相关法律适时进行更新并保障其有效实施，经过多年的发展已形成了典型的多中心环境治理特征。在多中心治理的政策框架下，环境治理主体突破了传统的单一环境治理模式，使环境治理更加走向多元化。

日本地方各级政府在制定环境治理政策过程实践中的整体表现甚至比中央政府更加积极主动，更加严格完善，环境评估中的标准也更高。这种环境治理工作模式不仅有效保证了中央政府有关环境管理规则和国家环境标准的贯彻实施，在环境监督和执法检查工作方面也有效节约了大量人力资本。此外，多中心环境治理模式建立过程中，日本企业在环境治理方面从欧洲和美国的企业学习到了很多先进的理念。工业生产结构的快速调整使其传统绿色化工企业规模逐渐减少，各行各业都已经开始积极采取各种化工环境质量保护措施。与此同时，环境污染问题的有效解决也高度依赖普通民众的积极参与。中央政府在环境治理中成为环境相关共同利益方利用资源共同参与环境规制的协调者，政府、企业和其他社会组织在环境治理中切实做到各司其职，日本的多中心环境治理模式对很多发展中国家来说具有重要的借鉴促进意义。

6.2.3 环境税改革

日本政府出台的环境税制改革，促进了日本环境治理发展。日本环境省在2010年环境税征收制度总体改革方案中，首先确定了在2012年底前分阶段开征碳税。除了以大气碳税改革为主导的低硫高碳化学品税制试点改革以外，环境保护税制度试点改革中还分别涉及了重点促进大气污染物有效防治、废弃物处理循环经济以及环境资源保护试点等多个方面的新改革措施。从制度特征上看，日本的环境税改革采用了渐进的方式。在日本环境税制度中，中央和地方环境管理的权责分配以及支持措施和优惠政策的不断完善，推动了日本环境税制度的建立。这一改革对日本整体经济社会发展产生了深远的社会影响。

6.2.4 环保技术扩散发展

为避免目前传统制造业大量向海外市场转移造成国内"产业空

洞化"的突出问题，增强日本新兴产业的国际综合竞争力，日本政府研究拟定了环保与新能源产业领域，包括环保工程机械等环保装备产业、资源再综合利用与工业废弃物综合处理、新型下一代能源汽车产业及替代太阳能光伏发电等新一代环保高科技产业。通过加快发展上述三个战略性新兴环保产业，形成日本目前具有国际技术领先水平的"全球尖端创造型"新兴产业结构，提高环保新兴产业的技术扩散和价值提升。

技术创新的本质特征是技术与经济的结合，而通过官产学研相结合的模式促进技术创新在日本得以较好实践。日本密切关注官产学研学术合作的发展绩效，并通过协助立法和提供经济援助等多种方式积极引导本国企业和科研机构开展学术合作，以尽快实现科学技术重点创新突破、产业的自主创新持续发展。日本政府先后建立了学术委托人员研究管理制度、委托人员培训管理制度、捐赠管理制度、研究室管理制度等。如1998年，日本国会一致通过了《大学技术转移促进法》和《研究交流促进法》的部分相关修正案；2000年，日本政府正式颁布《产业技术力强化法》；2001年，经济技术产业省宣布开始积极实施"中小企业支援型研发事业"，促使大型企业与中小产业技术综合研究所及其相关研发工作人员及时开展技术合作进行研究，对那些拥有更多渴望迅速出现实用化的产业萌芽型新技术的中小企业给予技术资助。

6.3 欧盟的经验

欧盟及其成员国的环境保护在世界上起步较早，在环境科学、环保技术、环境管理等方面积累了丰富的经验。从20世纪50年代开始,欧洲人就有了一定的环保意识。1972年签署的《人类环境宣言》,使欧盟的环保意识进一步得到加强。进入21世纪以来,随着欧盟内部环境意识的不断发展和完善,使欧盟的环境政策也逐渐发展并成熟起来。欧盟议会于2013年通过了《欧盟环境综合行动计划2020》,该计划以"利用有限的资源活得更好"为主题,确立了欧盟今后15年的重点环保方向,其具体做法值得我国借鉴。

6.3.1 实施兼顾地区差异性的财税政策

财税政策是改善环境质量见效较快的途径。从欧盟的环境保护阶段来看,经历了从零散、个别环境税开征再到税收绿色化的发展过程,征收环境税涉及范围从资源开采到使用再到环境污染物排放所有的全部环节。环境财税政策改革遵循了因地制宜、循序渐进的原则,从欧盟的整体来看各个国家有不同的特色,主要表现在欧盟的成员国在经济发展水平、地理环境、自然气候等方面均存在一定的差异,因此,各个国家环境保护的财税政策也颇具特色,虽然欧盟一直积极致力于推动环境保护的发展,但共同的特点都是与本国国情相适应,因此都遵循了因地制宜的原则,统一服务于本国总体发展战略。

6.3.2 完善的环境规制体系

环保技术和环保产业的发展离不开政府的政策规制,分工明确而且各司其职的环保规制体系发挥了重要作用。欧盟多层次的环境规制体系主要包括欧盟、成员国以及地区三个层次,涉及众多的利益相关方,包括欧盟机构、成员国政府、地方和地方机构以及公民社会等所有公共权力部门和私营部门。在环境治理过程中,欧盟遵循辅助性原则和比例适度原则。这一治理过程的显著特点是责任分担,即共同体、成员国、地区和地方当局以及各利益相关者各司其职、互相协作,共同分担环保义务。

欧洲拥有涵盖领域非常广泛的环境法规,主要是部门法令,包括水法、废弃物法、空气法、噪声法、化学物品法、自然保护法、公众保护和环境事故等相关法律。欧盟的司法体系是一个多方参与的决策与实施机制,欧盟环境政策的法律体系是由欧洲执委会、欧洲部长会议、欧洲议会和欧洲法院及相关利益集团共同制定的,欧洲银行在执行共同体环境政策方面也发挥着重要的作用。欧洲法院被称为欧洲的"环境裁决所",是国家根据共同体条约成立的专门负责裁决与共同体条约的执行和理解有关争议的司法机关。欧洲法院通过行使司法审查权、裁决权、民事审判权、欧盟法的解释权等对欧盟的环境政策施加影响,其在环境领域的主要职责是裁决欧盟机构和成员国之间以及各成员国之间发生的环境纠纷,是环境争端的仲裁机构。另外,为了减轻欧洲法院的负担,各国还建立了初审法院,负责审理没有政治和宪法意义的案件。

6.3.3 发挥技术力量在环境保护中的作用

德国是世界上最早几个利用先进的技术进行环保方面相关工作的国家,这也使德国成为环保技术领域最先进的国家之一。德国最早是以"循环经济"立法,凭借城市的"垃圾经济"(也可以称作循环经济),使德国成为全球环保技术应用的典范,在垃圾分类、废料回收以及垃圾发电等方面使垃圾的利用率达到最大。在能源开发和新能源的利用方面,德国非常重视利用太阳能、风能以及生物质能等可循环再生能源来代替核能,并逐步形成了较大规模的环保产业体系,强化了对可再生能源的开发和利用,进一步降低了能源成本。与德国相比,瑞士在环保方面也有自己的独特之处。瑞士将自己国家高度发达的工业技术和创新结合在一起运用到环保产业领域,在低污染发电、废水废弃物的处理、垃圾的回收利用、节能以及环保仪器等方面都处于世界的先进水平。瑞士的垃圾清洁车和与其相配套的高压水枪和大型吹风机、复合材料的饮水瓶等新型环保产品的创造和使用,体现了瑞士环保产业的创新能力,也提升了其在世界环保产业中的地位。

6.4 印度的经验

良好的制度设计是环境规制能够成功实施的根本前提,在英国对印度实施殖民统治期间,印度逐渐形成了一整套比较全面的环境规制体系。在技术创新扩散方面,印度独立前科学技术落后,经过多年发展,印度的科技水平已成为发展中国家最先进的国家之一,其建立了国内外著名的科技研究机构,培养了一支人数居世界第三的科技队伍,成为发展中国家中原子能、机械工业、军事、农业等技术产业最发达的国家之一。中印两国虽然社会制度不同,但都是地大物博、人口众多的发展中大国,有很多相似的地方。因此,印度在环境规制及其技术扩散方面的经验,对我国深化环境规制体制改革，促进环保技术创新与扩散具有一定借鉴的参考价值。

6.4.1 完善的环境规制体系

印度环境规制体系建设，一方面，与世界总体趋势保持同步，越来越重视环境保护问题，而且采用了主流的国际环境话语体系。20世纪70年代，斯德哥尔摩大会召开，1976年，印度通过宪法第42条修正案，第一次把环境保护问题纳入宪法当中。另一方面，对环境问题的关注由局部到全面、笼统到细化，对环境的治理是由点到面，再由面出击到有重点地各个击破。印度具体的有关环境规制的制度很多，重点集中在与人类生产活动紧密联系的森林、野生动物、能源、水、土地五大领域。印度独立后，每一届政府继续使用和相继修订与颁布了一系列有关环境保护的法律法规和条例。现在印度的地方、邦和中央共有200多条环境法律法规和条例，这些法律法规兼具传承性和创新性。印度环境规制的组织机构地位也不断升级。1985年，环境总局升格为环境与森林部，是当今印度环境部门的最高行政管理机构。同时，环境规制的组织设置不断细化，专业化水平不断提升。除了环境与森林部和全国环境计划委员会之外，印度政府还相应设立了多个类别具体的环境领域的管理组织、机构和单位。

6.4.2 以技术咨询业促进技术扩散

印度独立后逐渐发展起了第三世界国家中最发达的技术咨询业。它随着印度工业逐步成熟而日益发展起来。在最近20多年间，印度在各个工业领域内都建立了相当多的技术和工程咨询专业。咨询服务提供的范围十分广泛,包括完整的咨询服务,从可行性论证,到工程的设计、交付使用和操作等整个一系列的经济服务、技术服务、管理服务和人力发展服务。咨询业对选择技术,消化、转移和扩散先进技术,提供和传播信息有着十分重要的作用。印度不仅积极鼓励、支持咨询业的发展,而且有目的、有计划地创办一些实力强、水平高的咨询公司,并成立全国性的咨询顾问协会,进行研究和指导咨询工作。

首先,印度建立了技术咨询服务方面的研究开发机构。无论是公办还是私营,都可以享受与工业研究开发机构同样的优惠。其次,印度允许技术咨询服务的技术引进,并鼓励技术咨询服务业的发展。此外,印度支持技术咨询服务出口,并放松技术咨询服务出口单位的配额限制。最后,鼓励技术咨询服务单位对外合作。印度不仅鼓励技术咨询服务单位在国内与外国公司合作,而且还放松印度技术咨询服务单位到国外办合营企业和承包咨询服务合同项目,并对其在国外合作给予多方面支持。

6.4.3 重视人才培养和内部挖潜

自印度独立后,印度政府非常重视发展高等教育,把它视为经济和社会发展的一个关键因素和通向"现代化"的门径。为加速高等教育的发展,不仅加强了对高校的领导,而且在 1948 年和 1964 年制定了改革高等教育的方针、政策、目标和规划,在 1978 年和 1985 年制定了改革高等教育的新政策措施。与此同时,印度政府向高等教育提供了国力所能支持的最大限度的资金,建立了发展高等教育所需要的现代化的基础设施,这些政策措施使印度高等教育获得了高速发展，印度受过高等教育的适龄青年的比例也有了较大的增加。印度重视发展高等教育的结果，也促使其培养了一支强大的科技人才队伍。

印度在资金、产品和技术的引进、出口方面实行了一系列的保护政策。为了维护国家主权和经济利益，印度对外资合作领域和股权做了限制，规定了外资允许进入和不许进入的领域。为防止抑制国内生产能力的发挥及鼓励采用本国技术，印度对进口产品进行严格限制。政府规定，凡国内已经具备生产条件的，一律不准进口；凡能引进关键部件的，决不引进成套设备；凡是利用本国已经建立的工业基础和已有的技术力量能够生产的产品，尽量自己生产。政府有关部门每年都要公布停止进口和增加进口的产品详细清单，这种清单具体到产品名称、规格、尺寸。

6.4.4 促进重点领域的集中突破

为加速生物技术和环保技术等新兴尖端技术的研究与发展，印度政府采取了调集全国优秀的科学家和技术家进行集中科研；加大财政投入力度，保证这些科技研究和发展项目有充足的资金，同时在硬件上提供先进的科研手段、机器设备和基础设施，对在这些科技领域中做出贡献的科技人员根据贡献的大小给予各种奖金。为那些有独创性的、有真才实学的科学家建立研究所和实验室，给予重点支持；积极发现和鼓励有才华的青年科技人员，帮助他们攀登新科技领域高峰，对那些有重大发现和技术创新的青年科学工作者颁发奖金和奖章。

在管理组织上，印度首先成立中央技术预测和评定小组。该小组担负两方面的任务。一方面预测在 10~15 年内技术的发展、投资、生产和产品的需求情况；估计技术的成本和机会、技术对社会经济和政治的影响。另一方面负责确定和评定现在已在发展和正在准备发展的科技发展计划和项目。中央设立专门的科技管理机构、全国科学技术开发委员会，处理全国科技人员就业、失业和使用不当的有关问题；成立全国科学技术信息委员会，负责宣传科学的重要性，传播交流科技成就。

6.5 启示

综观世界各国，无论是发达国家还是发展中国家都对环境规制和技术扩散十分重视，一些典型国家建立了一套完善的环境规制与技术扩散体系，其中有很多经验和做法值得借鉴。我国作为发展中国家，有关环境规制和技术扩散方面的理论与实践亟须补充与发展，健全我国环境规制与技术扩散体系势在必行。基于国际经验，我国环境规制和技术扩散政策可有如下启示：

6.5.1 构建环保财政支出绩效评价体系

完善的绩效评价体系是一个国家客观评价政策、法规成果的基石，美国、日本等国都高度重视绩效评价体系的建设，分别出台了有利于绩效评价体系建设的政策和法规，成立了专门的绩效评价机构，对环保部门财政支出的范围、权限等具有一定的约束作用。美国提高了各个部门对绩效评价的重视程度，把绩效评价制度上升到法律层面，同时要求各级政府制定规划、完成年度绩效报告，这无疑是一种对政府行为进行规制、监督的合理有效的法律手段。日本在制度层面上对国家机构的行为实行间接监督，有效促进了行政机关绩效评价体系的合理化和有效化。与美国和日本相比，中国在绩效评价体系的建设方面远远落后，对绩效评价体系的重视度不够，对构建体系的投入也不足，导致了如今我国环保财政支出绩效评价体系的滞后。面对中国绩效评价体系不全面、水平不高的局面，我国应高度重视建立机制、完善体系工作的开展进程。

6.5.2 明确规制主体，完善环境分权

从美国在环境政策执行方面的经验来看，政策执行对于环境规制起着至关重要的作用。在环境分权方面，1960年以前，美国的环境政策主要由州、地方政府制定并实施，但自从第一代环境联邦主义理论兴起后便主要倾向于实行集权式管理，这大大提高了环境保护的力度和效率；在联邦政府和地方政府具体执行方面，尤其是在主张分权的第二代环境联邦主义理论的指导下，州政府有更多的空间进行政策试验，实行政策创新，可见其政策制定与执行的针对性和有效性。与美国相比，中国政府的环境分权尚不完善，地方政府环境治理自主权小，缺乏政策与能力实施的平台，执行主体的职责权限不够明确，环境政策执行手段较为单一。由此可见，中国的环境分权、政策执行管理远远落后于美国。面对这种局面，我国应在执行主体的职责界定、环境政策执行和执行手段方面多下功夫。

6.5.3 重视对技术研发和创新人才的激励

环境规制的有效开展离不开环保企业的技术创新。美国、日本、

印度等国都对技术创新人才的培养十分重视，美国、欧盟、日本在激励环保企业技术创新的优惠政策方面有较多经验，值得我们借鉴。就日本来说，其政府研究在环保与新能源产业领域，加快发展战略性新兴环保产业，提高环保新兴产业的技术扩散和价值提升。另外，美国联邦和州一级政府对环保工程项目采取多种财政支持。相比之下，我国在环保企业技术人才培养和技术研发方面的重视和激励程度远远不够。首先，在我国现行的激励政策中，许多政策都以文件的形式发行，并没有上升到法律层面，相应政策规定不全面、激励效果不显著。其次，缺乏对技术创新人才的税收激励措施，技术创新人才是企业的"活水之源"，因此对此类人才的激励力度亟须加大。

6.5.4 加快技术转化，完善环保技术扩散体系

当前我国的科技成果转化效率低、技术扩散层面薄弱，较低的科研成果转化率和环保技术扩散率致使经济社会和生态社会发展的缓滞不前。国际上，多数发达国家技术转化转移主要是通过健全法律法规体系、搭建技术转移交换平台、完善技术扩散的基本保障等方面加以保障。即使是发展中国家，如印度，也意识到了技术转化的重要性，将引进的技术改造成适合本国发展的实用技术，同时建立了完善的技术咨询体系。我国应借鉴这方面的有益经验，逐步实现从技术研发、转移到扩散的完整体系。通过政府建立完善的技术创新技术转化机制，引导企业、个人和其他机构加快技术转化进程，完善环境保护技术扩散体系，对进一步推动我国绿色经济发展具有积极的作用。

7

结论与政策建议

7 结论与政策建议

本书从财政分权与政府环境规制的角度、从环境纵向分权和横向分权的层面对环保技术扩散的影响机制进行分析，并选取了 2004~2016 年的省级面板数据，运用半参数可加面板模型的方法，对环境分权与清洁生产技术扩散和末端治理技术扩散之间的非线性影响进行了深入研究，为环境分权管理体制的改革以及推动环保技术扩散的政策制定提供参考依据。经过实证分析得出以下主要结论：

7.1 主要结论

第一，环境纵向分权对清洁生产技术扩散和末端治理技术扩散的影响均呈现倒"U"形结构，适度的环境纵向分权可以促进环保技术的扩散。地方环保部门更具有信息优势，当地方环保部门获得更大的自主度时，有利于地方环保部门对当地企业进行严格监管，进而对地方企业引进先进的环保技术、降低环境污染产生有效的激励。但伴随着纵向分权中地方环保部门权责的加大，可能会对环保技术扩散产生负面影响。一方面，中央环保部门的监测监管技术相对于地方环保部门来说更为先进，当过度的纵向环境分权赋予地方环保部门时，地方环保部门由于技术上的局限难以对企业进行更为有效的监管。另一方面，当地方环保部门拥有更多权限时也容易受到地方利益集团和地方政府的影响。在官员"考核晋升"的现实追求下，地方政府为了地区间竞争和吸引外资流入而对地方环保部门施加压力促使其降低环境标准和监管力度。地方利益集团也会出于自身利益的考虑通过寻租来降低地方环保部门的监管水平，从而对清洁生产技术和末端治理技术的扩散产生不利影响。

第二，环境横向分权对清洁生产技术扩散和末端治理技术扩散的影响均呈现"U"形结构。地方政府环境横向分权需要达到一定程度方能对环保技术的扩散产生正向影响，即企业在排污违法成本与技术引进的投资成本之间进行选择。在"U"形拐点之前，环境横向分权度较小，地方环保部门的人事权和财权受到地方政府的掣肘较多，难以对企业进行有效监管。此时，企业的排污违法成本相对于引进环保技术的投资成本较低，企业出于成本考虑会选择缴纳税费进行排污而不是引进环保技术。随着环境横向分权度的扩大，尤其是在横向分权超过"U"形拐点时，环境横向分权对环保技术扩散产生了正向影响并逐渐增大。地方政府对环境保护越重视，地方环保部门获得的资金与政策支持就越多，其自主度就越大。此时，地方环保部门对地方企业的环境监管力度也越大，使企业的排污成本大于引进环保技术的投资成本。企业出于自身利益最大化的考虑会选择引进环保技术，从而对环保技术的扩散产生正向影响。

第三，不同类型的技术同样对环境横向分权的敏感程度不同。环境横向分权对清洁生产技术扩散的贡献相对于末端治理技术扩散的贡献上升的起始点较早，并且变化趋势也较缓。这主要是因为清洁生产技术应用于生产过程中，当环境监管力度较大时，一些不符合环境标准的项目审批难以获得通过，同时已经应用于生产过程中的技术要变更也较为困难。而末端治理技术应用于易于监测生产末端污染治理过程，当环境监管力度增强到一定程度，企业直接排污的成本大于污染治理的成本时，企业就会迅速引进末端治理技术，所以清洁生产技术扩散的变化趋势较缓，转折点的出现也早于末端

7 结论与政策建议

治理技术。

第四,税收负担等控制变量在环境分权条件下,也对环保技术的扩散产生不同影响。企业的税收负担不利于环保技术扩散,过重的企业税收负担会减少企业利润,从而减少企业用于引进环保技术的资金。技术偏向型企业更倾向于引进环保技术,研发强度高的技术偏向型企业会引进一些环保技术作为研发基础,从而完成"引进—吸收—再创新"的过程,节约企业用于基础技术研发的成本。地区经济开放度、城镇化水平以及地区营商环境对环保技术的有效扩散多数产生正向影响。首先,地区的经济开放度越大,从国外流入的环保技术也越多,国内企业学习模仿引进环保技术的成本也越低,从而有利于环保技术的扩散。其次,随着城镇化水平的扩大,一方面教育水平得以提升,为企业转向技术密集型提供了更多的人力资本;另一方面居民对环境保护的意识也得以提高进而促使企业引进环保技术,减少污染排放。随着市场化水平的提升,地方企业尤其是国有企业对地方环保部门的影响降低,在地方环保部门的严格监管下,企业会更倾向于引进环保技术。

7.2 政策建议

维持良好的生态环境离不开各方的共同努力,只有不断提升各级政府、组织的环境保护意识,通过合理的环境规制,特别是充分利用环境纵向分权与横向分权的叠加作用,才能推动清洁生产技术和末端治理技术的不断扩散。结合实证研究结论,并在借鉴分析环境分权与技术扩散规制的国际经验基础上，提出如下针对性政策建议：

第一，合理划分中央与地方之间环境事权。过度的纵向分权不利于环保技术的扩散，应该在中央与地方之间合理地划分环境事权，充分利用地方环保部门信势的同时加强外部监管，防止环境保护在地方"失控"。同时，不同技术类型与技术扩散特征受分权的影响也存在差异，应区别不同技术类型，进行针对性差异化扩散规制。相比于末端治理技术，清洁生产技术除了具有社会效益和环境效益外，还具有一定的经济效益，因此应在相关环节加强规制，合理有效地引导企业优先采纳清洁生产技术。此外，除了加强政府内部行政监管外，还应该充分发挥外部力量的监督作用，如公众、媒体和环保组织机构等。

第二，地方政府应强化环境横向分权的工作。针对技术扩散存在的"U"形拐点，地方政府应注重对环境规制的力度，令环境规制的力度快速跨越扩散的"U"形拐点，促进环保技术的快速有效扩散。2016年，地方环境管理体制实施省级以下垂直管理体制，可以视为这一理论观点在实践中的应用。同时，中央政府也应通过系统化导向和激励，充分调动地方政府参与环境保护的积极性，加大环境保护在绩效考核中的比重，促进地方政府的环境横向分权。

第三，构建环保部门财政支出绩效评价体系。构建绩效评价体系是有效评价相关机构工作效率的重要手段，也为政府在环境保护工作的实施上提供了制度支持。2009年实施的《体现科学发展观要求的地方党政领导班子和领导干部综合考核评价（试行办法）》中将环境保护纳入政府的绩效考核体系，但由于没有具体明确的指标，

7 结论与政策建议

所发挥的效力比较有限。因此,在法律法规方面,应进一步将政府财政支出绩效评价体系标准化、法治化,尽快出台有关管理办法与政策;根据区域的差异性合理设计环境绩效考核指标,提高地方政府对环境保护工作的重视度,进而促进环保技术的有效扩散。在绩效评价技术管理方面,国家应组织成立绩效评价管理机构,该机构由中央直接管理,将其职责权限法治化,使其在长期的绩效评价管理工作中有制度可循;在完善绩效评价工作流程方面,将部门预算项目进行科学分类,如按对环境保护的影响程度进行分类,在分类条目下,在同类项目中的不同项目进行对比,有针对性地鼓励成本低、绩效高的项目实行,反之亦然;同时,在财政支出项目的申请上实行"严进"管控,对于项目申请中缺乏长期绩效目标、可量化的短长期目标、项目产出的财政支出项目申请一律严加控制,做好源头清理工作;对于环境保护主体中的企业、非营利机构、社区等社会组织,政府应根据绩效评价体系按贡献程度划分对其进行表彰奖励,引导社会群体积极参与到环境保护工作中去,为把我国建设成为绿色发展的环保型国家而奋斗。

第四,完善技术扩散的激励政策,建立环保技术转化、扩散体系。在实证结论中,技术偏向型企业更倾向于引进环保技术,因此,政府应该大力支持高新技术产业的发展,扩大经济开放度,重点引进和培育一批高新技术企业。同时,深入推进市场化改革,充分发挥社会主义市场经济的优越性,进一步促进环保技术的扩散,同时在推进城镇化进程中加大教育投入,提升人力资本,为企业引进环保技术奠定良好的基础。强化税收间接优惠方式,建立以间接优惠为主的税收激励机制,间接优惠方式比直接优惠方式更能激发环保企业技术创新的积极性，而且间接优惠方式涉及范围更广，对环保技术创新的事前、事中支持力度更大，有利于减轻环保企业技术创新中的资金压力。

第五，完善对技术创新人才的激励体系。技术创新人才是环保创新企业中最有价值的组成部分，给予技术创新人才进行适当的激励，对环境规制和环保技术扩散具有重要的推动意义。一方面，对技术创新人才实行税收优惠政策是保持企业创新活力的重要手段，通过免征个人因技术创新活动取得奖金、津贴等的个人所得税，既能提高技术人员的工作积极性，又能激发环保企业的创新活力。另一方面，推出除资金支持外的创新鼓励政策。对绿色创新研发人员、高级研发人才在落户、教育、医疗等各方面给予政策鼓励，使创新人才对绿色环保创新的态度从被动转变为主动，充分发挥个人的主观能动性，以推动形成激励体系下创新—激励—创新的良性循环。

参考文献

［1］白俊红，聂亮．环境分权是否真的加剧了雾霾污染？［J］．中国人口·资源与环境，2017，27（12）：59－69．

［2］陈经伟．美国推进环境技术创新与扩散的做法与启示［J］．科学管理研究，2005，25（4）：116－119．

［3］陈明，张剑智，孙丹妮，刘蕾．借鉴国际经验构建环保部门财政支出绩效评价体系［J］．环境保护，2013，41（22）：68－70．

［4］陈诗一，陈登科．雾霾污染、政府治理与经济高质量发展［J］．经济研究，2018，53（2）：20－34．

［5］陈宇学．环境规制对企业创新的影响［J］．节能与环保，2008（11）：13－15．

［6］陈媛媛．工业集聚对行业清洁生产与末端治理的影响［J］．南方经济，2011（5）：17－27．

［7］程鹏，周斌．"末端治理"企业在推行清洁生产中的作用［J］．中国环境管理丛书，2006（3）：4－7．

［8］崔景华．日本环境税收制度改革及其经济效应分析［J］．现代日本经济，2012（3）：69－77．

［9］董直庆，焦翠红．环境规制能有效激励清洁技术创新

吗?——源于非线性门槛面板模型的新解释[J]. 东南大学学报（哲学社会科学版），2015, 17 (2): 64 - 74, 147.

[10] 杜俊涛, 陈雨, 宋马林. 财政分权、环境规制与绿色全要素生产率[J]. 科学决策, 2017 (9): 65 - 92.

[11] 樊纲, 王小鲁, 朱恒鹏. 中国市场化指数——各地区市场化相对进程2011年报告 [M]. 北京：经济科学出版社, 2011.

[12] 傅勇, 张晏. 中国式分权与财政支出结构偏向：为增长而竞争的代价[J]. 管理世界, 2007 (3): 4 - 12, 22.

[13] 高迎春, 佟连军, 马延吉, 李名升. 清洁生产和末端治理环境绩效对比分析[J]. 地理研究, 2011, 30 (3): 505 - 512.

[14] 宫笠俐. 多中心视角下的日本环境治理模式探析[J]. 经济社会体制比较, 2017 (5): 116 - 125.

[15] 顾海波. 中国环境技术扩散的法律激励机制探析[J]. 科技进步与对策, 2005 (8): 69 - 71.

[16] 郭庭政, 段宁, 于秀玲, 杨俊峰, 彭晓成. 微观经济视角下的清洁生产技术扩散模式[J]. 科技进步与对策, 2010, 27 (6): 14 - 16.

[17] 黄采金, 王意冈, 王浣尘, 陈明义. 可持续发展中清洁生产技术扩散的分析[J]. 上海交通大学学报, 2004 (3): 403 - 407.

[18] 景维民, 张璐. 环境管制、对外开放与中国工业的绿色技术进步[J]. 经济研究, 2014, 49 (9): 34 - 47.

[19] 康达华. 央省政府间环境治理事权划分的内在机制和效果影响 [D]. 广州：暨南大学, 2016.

[20] 李伯涛, 马海涛, 龙军. 环境联邦主义理论述评[J]. 财

贸经济, 2009 (10): 131-135.

[21] 李春磊. 技术溢出、技术扩散的非线性与全球风险资本的发展创新[J]. 科技进步与对策, 2011, 28 (6): 15-17.

[22] 李建伟. 普惠金融发展与城乡收入分配失衡调整——基于空间计量模型的实证研究[J]. 国际金融研究, 2017 (10): 14-23.

[23] 李瑾. 环境政策诱导下的技术扩散效应研究[J]. 当代财经, 2008 (7): 18-23.

[24] 李楠, 于金. 政府环保政策对企业技术创新的影响[J]. 世界科技研究与发展, 2016, 38 (5): 932-936, 954.

[25] 李强. 环境分权与企业全要素生产率——基于我国制造业微观数据的分析[J]. 财经研究, 2017, 43 (3): 133-145.

[26] 李瑞昌. 政府间网络治理: 垂直管理部门与地方政府间关系研究[M]. 上海: 复旦大学出版社, 2012.

[27] 李婉红. 排污费制度驱动绿色技术创新的空间计量检验——以29个省域制造业为例[J]. 科研管理, 2015, 36 (6): 1-9.

[28] 李梓渝. 环保企业技术创新的税收激励政策研究[D]. 济南: 山东财经大学, 2018.

[29] 梁劲锐, 史耀疆, 席小瑾. 清洁生产技术创新、治污技术创新与环境规制[J]. 中国经济问题, 2018 (6): 76-85.

[30] 刘伟明. 环境污染的治理路径与可持续增长: "末端治理"还是"源头控制"? [J]. 经济评论, 2014 (6): 41-53, 77.

[31] 刘学之, 王潇晖, 智颖黎. 欧盟环境行动规划发展及对我国的启示[J]. 环境保护, 2017, 45 (20): 65-69.

[32] 刘洋, 万玉秋, 缪旭波, 杨柳燕, 汪小勇, 刘灿嘉, 朱

玲. 关于我国环境保护垂直管理问题的探讨[J]. 环境科学与技术, 2010, 33 (11): 201-204.

[33] 刘友金. 企业技术创新论 [M]. 北京: 中国经济出版社, 2002.

[34] 陆远权, 张德钢. 环境分权、市场分割与碳排放[J]. 中国人口·资源与环境, 2016, 26 (6): 107-115.

[35] 马海涛, 李伯涛, 龙军. 环境保护的分权理论及其实践[J]. 地方财政研究, 2009, 15 (9): 27-31.

[36] 彭星. 环境分权有利于中国工业绿色转型吗?——产业结构升级视角下的动态空间效应检验[J]. 产业经济研究, 2016 (2): 21-31, 110.

[37] 祁毓, 卢洪友, 徐彦坤. 中国环境分权体制改革研究: 制度变迁、数量测算与效应评估[J]. 中国工业经济, 2014 (1): 31-43.

[38] 秦佩恒, 赵兰香, 万劲波. 清洁生产技术运用对企业经济及环境绩效的影响——基于2009年中国金属制品业调查的实证研究[J]. 生态经济, 2014, 30 (12): 49-55.

[39] 沈鹏, 傅泽强, 李林子, 谢园园. 欧盟与中国环境管理战略转型比较研究 [A] //中国环境科学学会. 2014中国环境科学学会学术年会 (第三章). 中国环境科学学会, 2014.

[40] 石淑华. 美国环境规制体制的创新及其对我国的启示[J]. 经济社会体制比较, 2008, 10 (1): 166-71.

[41] 孙畅. 地方环境监察监测执法垂直管理体制改革: 利弊争论与改革方向[J]. 中国行政管理, 2016 (12): 13-17.

[42] 孙丽文, 曹璐, 吕静韦. 基于DPSIR模型的工业绿色转

型评价研究——以河北省为例[J]. 经济与管理评论, 2017, 33 (4): 120-127.

[43] 童健, 刘伟, 薛景. 环境规制、要素投入结构与工业行业转型升级[J]. 经济研究, 2016, 51 (7): 43-57.

[44] 汪利平, 于秀玲. 清洁生产和末端治理的发展[J]. 中国人口·资源与环境, 2010, 20 (S1): 428-431.

[45] 王锋正, 郭晓川. 环境规制强度对资源型产业绿色技术创新的影响——基于2003—2011年面板数据的实证检验[J]. 中国人口·资源与环境, 2015, 25 (S1): 143-146.

[46] 王娟茹, 张渝. 环境规制、绿色技术创新意愿与绿色技术创新行为[J]. 科学学研究, 2018, 36 (2): 352-360.

[47] 王小鲁, 樊纲, 余静文. 中国分省份市场化指数报告 (2016) [M]. 北京: 社会科学文献出版社, 2017.

[48] 魏江, 许庆瑞, 陈劲. 环保技术扩散的对策研究[J]. 科学管理研究, 1995 (1): 66-71.

[49] 谢荣辉. 环境规制、引致创新与中国工业绿色生产率提升[J]. 产业经济研究, 2017 (2): 38-48.

[50] 熊彼特. 经济发展理论 [M]. 北京: 中国画报出版社, 2012.

[51] 严健洋. 企业环保技术扩散现状及对策[J]. 资源节约与环保, 2016 (2): 168-169.

[52] 杨朝均, 杨红娟. 清洁生产技术创新与末端治理技术创新耦合协调度的时空分异研究——基于2003—2013年省级面板数据[J]. 科技管理研究, 2016, 36 (18): 137-143.

[53] 杨得前,刘仁济. 地方财政支出对产业生态化的空间溢出效应研究[J]. 财贸经济,2018,39(7):49-64.

[54] 杨冬媛. 欧盟环境规制对中国农产品出口的绿色壁垒效应[D]. 上海:东华大学,2016.

[55] 杨发明,许庆瑞. 企业绿色技术创新研究[J]. 中国软科学,1998(3):47-51.

[56] 姚小剑,何珊,杨光磊. 强度维度下的环境规制对绿色技术进步的影响[J]. 统计与决策,2018,34(6):78-82.

[57] 叶大凤,唐娅玲. 西方发达国家环境政策的经验及其启示[J]. 中南林业科技大学学报(社会科学版),2017,11(6):14-17,38.

[58] 殷杉. "末端治理"与"前端预防"环保理念的差异分析[J]. 青岛科技大学学报(社会科学版),2003(3):32-34.

[59] 尤济红,王鹏. 环境规制能否促进R&D偏向于绿色技术研发?——基于中国工业部门的实证研究[J]. 经济评论,2016(3):26-38.

[60] 曾向东. 印度发展科学技术的启示[J]. 世界经济与政治,1988(7):16-21.

[61] 翟伟峰,张学文,孙士岭. 混合寡头垄断、环境管制与清洁技术的使用[J]. 河北经贸大学学报,2015,36(4):114-118.

[62] 粘悦. 欧盟环境规制对我国农产品出口的影响研究[D]. 济南:山东财经大学,2013.

[63] 张东晨. 我国环境管理体制问题研究[D]. 石家庄:河北大学,2014.

[64] 张华, 丰超, 刘贯春. 中国式环境联邦主义: 环境分权对碳排放的影响研究[J]. 财经研究, 2017, 43 (9): 33-49.

[65] 张淑兰. 印度环境管理的制度分析[J]. 南亚研究季刊, 2010 (1): 102-107, 114.

[66] 张欣怡, 王志刚. 财政分权与环境污染的国际经验及启示[J]. 现代管理科学, 2014 (4): 36-38.

[67] 赵成. 论我国环境管理体制中存在的主要问题及其完善[J]. 中国矿业大学学报 (社会科学版), 2012, 14 (2): 38-43.

[68] 赵伟. 欧盟环境政策的历史演变[J]. 河北理工大学学报 (社会科学版), 2009, 9 (4): 25-27, 31.

[69] 郑晖智. 环境规制下的企业绿色技术创新与扩散动力研究[J]. 科学管理研究, 2016, 34 (5): 77-80, 88.

[70] 周建华. 清洁生产技术的创新扩散与政府责任[J]. 科技进步与对策, 2007 (1): 41-43.

[71] 周黎安. 中国地方官员的晋升锦标赛模式研究[J]. 经济研究, 2007 (7): 36-50.

[72] 周力, 应瑞瑶. 外商直接投资与工业污染[J]. 中国人口·资源与环境, 2009, 19 (2): 42-50.

[73] 周申蓓, 齐文韬. 基于联合协商的企业污染物减排模式研究[J]. 经济与管理评论, 2017, 33 (3): 60-67.

[74] 周雪光, 练宏. 政府内部上下级部门间谈判的一个分析模型——以环境政策实施为例[J]. 中国社会科学, 2011 (5): 80-96.

[75] 朱平芳, 张征宇, 姜国麟. FDI与环境规制: 基于地方分权视角的实证研究[J]. 经济研究, 2011, 46 (6): 133-145.

[76] Abdallh A A, Abugamos H. A semi-parametric panel data analysis on the urbanisation – carbon emissions nexus for the MENA countries [J]. Renewable & Sustainable Energy Reviews, 2017 (78): 1350–1356.

[77] Bednar J. The political science of federalism[J]. Annual Review of Law and Social Science, 2011 (7): 269–288.

[78] Braun E, Wield D. Regulation as a means for the social control of technology [J]. Technology Analysis and Strategic Management, 1994, 6 (3): 259–272.

[79] Dean T J, Brown R L. Pollution regulation as a barrier to new firm entry: Initial evidence and implications for future research[J]. Academy of Management Journal, 1995, 38 (1): 288–303.

[80] Gray W B. The cost of regulation: OSHA, EPA and the productivity slowdown[J]. American Economic Review, 1987 (77): 998–1006.

[81] Horowitz J L, Lee S. Nonparametric estimation of an additive quantile regression model[J]. Journal of the American Statistical Association, 2005 (100): 1238–1249.

[82] Jasch C. The role of standardization in promoting cleaner production and environmental management[J]. Journal of Cleaner Production, 1994 (2): 197–199.

[83] Montalvo C. General wisdom concerning the factors affecting the adoption of cleaner technologies: A survey 1990–2007[J]. Journal of Cleaner Production, 2008 (16): 7–13.

[84] Oates W E, Schwab R M. Economic competition among juris-

dictions: Efficiency enhancing or distortion inducing? [J]. Journal of Public Economics, 1988, 35 (3): 333 - 354.

[85] Oates W E. A reconsideration of environmental federalism [M]. Washington, DC: Resources for the Future, 2001.

[86] Opsomer J D, Ruppert D. A root - n consistent back fitting estimator for semi - parametric additive modeling[J]. Journal of Computational and Graphical Statistics, 1999, 8 (4): 715 -732.

[87] Qian Y, Weingast B R. Federalism as a commitment to reserving market incentives[J]. Journal of Economic Perspectives, 1997, 11 (4): 83 -92.

[88] Reijnders L. Policies influencing cleaner production: The role of prices and regulation[J]. Journal of Cleaner Production, 2003, 11 (3): 333 -338.

[89] Shin D, Curti M, Huisingh D, Gerard I. Development of a sustainability policy model for promoting cleaner production: A knowledge integration approach [J]. Journal of Cleaner Production, 2008, 16 (17): 1823 -1837.

[90] Stewart, Richard B. Pyramids of sacrifice - problems of federalism in mandating state implementations of national environmental policy [J]. Yale Law Journal, 1977, 86 (6): 1196 -1272.

[91] Su L, Ullah A. Profile likelihood estimation of partially linear panel data models with fixed effects[J]. Economics Letters, 2006 (92): 75 -81.

[92] Wang H, Zhu Z, Zhou J. Quantile regression in partially line-

ar varying coefficient models [J]. Annals of Statistics, 2009 (37): 3841 – 3866.

[93] Zhang Y, Liu C, Li K, Zhou Y. Strategy on China's regional coal consumption Control: A case study of Shandong province [J]. Energy PoLicy, 2018 (112): 316 – 327.

后　记

本书得到国家自然科学基金面上项目"基于非线性视角的农产品质量安全技术的扩散规制研究"（71573161）、山东省高等学校青年创新团队发展计划（2019RWE013）和山东省社科规划研究项目"基于政策性金融视角的山东省技术扩散的政府规制研究"（20CJJJ32）的资助。

本书由宋英杰博士设计提纲，主笔、修改和统稿。刘俊现博士作为主要合作者参与了核心内容的撰写。本书核心内容包括文献综述、理论分析和实证研究等部分已发表在《中国人口·资源与环境》2019年第5期，《条块并存的环境分权对环保技术扩散的影响》在本书中基于发表文章内容进行了部分拓展论述。感谢硕士研究生曲静雅、马富伟对本书撰写的特别贡献，对书中文献综述、国际经验借鉴、参考文献梳理等章节内容做了大量基础性工作。感谢硕士生鲁雅戈、郑晓楠、厉华杰、杨亚洲同学在本书撰写过程中的积极参与，他们的参与使本书得以顺利编辑出版。感谢山东工商学院金融学院在本书撰写过程中提供的大力支持，感谢金融学院众多老师对本书撰写的启发和建议。最后，感谢经济管理出版社在本书出版过程中所给予的细致有效的编审工作。

宋英杰
2020年3月